李骏　汤潇　薛立勇　主编

第一辑

海外社会研究

边界之外

中国出版集团　东方出版中心

图书在版编目（CIP）数据

边界之外：海外社会研究. 第一辑 / 李骏, 汤潇,
薛立勇主编. — 上海：东方出版中心, 2023.11
　　ISBN 978-7-5473-2276-5

　　Ⅰ.①边… Ⅱ.①李… ②汤… ③薛… Ⅲ.①社会科
学－世界－文集 Ⅳ.①C53

　　中国国家版本馆CIP数据核字(2023)第191028号

边界之外：海外社会研究（第一辑）

主　　编　李　骏　汤　潇　薛立勇
责任编辑　万　骏　时方圆
封面设计　钟　颖

出 版 人　陈义望
出版发行　东方出版中心
地　　址　上海市仙霞路345号
邮政编码　200336
电　　话　021-62417400
印 刷 者　上海万卷印刷股份有限公司

开　　本　710mm×1000mm 1/16
印　　张　13.75
字　　数　190千字
版　　次　2023年12月第1版
印　　次　2023年12月第1次印刷
定　　价　69.00元

前　言

　　本书取材于上海社会科学院社会学研究所主办的内部资料性出版物《社会学》（季刊）。该刊创刊于 1988 年，1990 年起设立专题或专栏，其中一大类别就是社会学名著精选、国外社会学、域外社会等栏目，专门介绍海外社会学的经典研究或最新成果。后来历经几任主编和几次改版之后，2020 年起整体定位于编译海外社会研究前沿文献，致力于成为国内学界和读者了解海外社会的一扇窗口。考虑到内部资料受众有限，为扩大社会受益面和影响力，我们又对 2020—2021 年刊载的编译文章精心挑选，购买版权，结集出版。最终呈现在读者面前的，是为《边界之外：海外社会研究》（第一辑）。本辑分为 4 个主题，包括 14 篇文章，覆盖美国、日本、欧洲、拉丁美洲及跨国研究。

家庭、婚姻与性别

　　全球范围内的跨国迁移是一个重要的社会现象。《跨越国界、文化与代际：移民家庭研究十年综述》一文关注美国以及与美国有密切联系的移民迁出国，指出了该领域的几项重大进展。首先，研究者们广泛关注迁离原籍地但与原籍地保持紧密社会经济联系的移民家庭，并探讨了家庭迁移行为对家庭结构和家庭功能的影响。其次，研究者们探讨了迁入地的社会情境对家庭和家庭关系的塑造，尤其是没有正式身份的移民家庭成员面临的风险和困境。再次，研究者们探讨了在目的地定居的移民家庭抚养下一代时文化适应和培养的运作过程。文章进一步指出了未来可能的研究方向，以便更好地了解移民家庭在面对全球经济联系不断加深、人口老龄化、家庭角色混乱等现实情况时，如何适应迁入国的社会情境。

自 2004 年安德鲁·J.切尔林发表《美国婚姻的去制度化》一文后，围绕婚姻在个人生活中的地位变迁、婚姻行为的阶层分化、婚姻个体化等议题出现了大量研究，也有不少学者对"去制度化"框架提出质疑。2020 年切尔林发表《美国婚姻去制度化的趋势和理论述评》一文，进一步阐述了婚姻去制度化的理论根源，同时还以相关研究结果、统计和抽样调查数据为基础，详细梳理了欧美社会特别是美国的婚姻变迁趋势，从婚姻替代形式、婚姻内部行为、婚姻个体化、"顶石"婚姻、同性婚姻等角度，全面评估了婚姻去制度化论断的适用性和局限性。

《基于家族社会学的日本社会性别及女性就业研究综述》对 20 世纪 70 年代以来日本家族社会学领域的社会性别研究进行了综述。首先，基于对日本家庭研究四大著名期刊——《社会学评论》《家族社会学研究》《家族研究年报》《家族关系学》——的分析，梳理了社会性别研究在日本家族社会学中扎根并取得阶段性发展的过程。其次，分别对宏观、中观及微观视角下日本女性就业影响要素的理论研究进行了总结分析。最后，从中分析日本现代社会的变化，以及编织在其中的社会性别意识的流动性，研究者关心的问题也从制度体系的维持，逐渐转向为对既存体系本身的凝视和质问。可见，社会性别理论在日本的发展和传播，带给日本学术界的成果颇丰。

学校、学区与教育

教育不平等是教育社会学研究中的重要议题，其中学校扮演什么角色具有重要意义。儿童的社交与行为技能也因社会经济地位、民族、种族与性别因素而呈现出相当大的差距，但目前尚不明确这些差距在多大程度上应被归因于学校因素。《学校加剧儿童社交与行为技能差距吗？》一文使用定量方法研究美国的初等教育，创新性地使用季节性分析方法，将在校期间和暑期的数据进行对比，探讨学校是否比非学校因素扮演着更为消极的、加重不平等的角色。得出的结论是，在接受正规学校教育的前三年，是否在校对社交和行为技能差距的扩大或缩小并没有较大影响。

如何解释不同收入背景、不同种族的学生之间巨大的教育成就差距？《美国大都市区的学区收入隔离与学业成就差距》一文试图从学区收入隔离的角度进行解释：学区之间的收入隔离程度，造成了学校环境的经济和社会资源不平等。通过分析 PSID 和 SDDS 数据，文章发现，在学区收入隔离程度较高的大都市区，收入—学业成就差距和种族—学业成就差距更大。这种差距体现为高收入背景的白人学生学业表现更好，而不是低收入背景的白人学生和黑人学生学业表现更差。学区收入隔离创造了富裕的学区，但只有高收入的白人家庭生活在此，高收入的黑人家庭生活在与低收入白人家庭更相似的地区。研究结果表明，学区之间的收入隔离所造成的空间不平等，导致了不同背景学生之间的成绩差距，这对理解不平等机制和未来的政策实施至关重要。

教育对个体的态度和行为产生何种影响？已有关于教育与信任的研究遵循三种理论逻辑："资源因素论"认为，丰富的资源可以提高人们的自信心，促使人们信任他人，受教育程度高者由于其较高的辨别能力和抵御风险能力，信任水平也更高；"社会认知论"认为，不同的社会阶层在成长与社会交往中形成了不同的认知取向，高阶层者是唯我主义的，在社会互动中表现出较低的参与度，而低阶层者是情境主义的，在实现目标的过程中更依赖他人，与他人联系更紧密，因此受教育程度低者更愿意信任他人；"文化因素论"则强调制度环境等因素的作用，如集体主义价值观、儒家文化等对信任的影响。《教育与信任的关系：来自三大洲的证据》一文就教育对信任的影响进行了跨文化比较，结果发现只有在那些有着高效政府的国家或地区，人们的教育水平才与信任呈正相关；而在政府效能较低的国家或地区，无论受教育程度如何，人们的信任水平都很低。文章进一步推论，不同国家之间信任模式差异的关键，在于国家是否有能力保护那些信任相关行为不为机会主义者所利用。

社会分层与不平等

一般认为工作与财富相关，而不是与贫困相关。但是近年来"在职穷人"存在的现实却表明，就业即使是避免贫困的最佳方法，也不能完全消除贫困。《欧洲的"工作贫困"现象：一个类型学的分析》一文采用原始资料文本分析、统计数据分析、类型学分析等方法来评估欧洲的"工作贫困"问题，重点在于界定欧洲"在职穷人"的规模与结构。研究发现，欧洲的确存在"工作贫困"现象，并且严重程度未来可能还会加剧，如果这个问题得不到有效解决，将会给欧洲劳动力市场未来的就业和经济增长等带来较大的威胁和挑战。

城乡不平等通常被认为是发展中国家的问题。在美国，虽然乡村生活或者亲近自然的生活常常被一些人向往，但多年来社会科学家们却记录了农村地区的诸多相对劣势，包括受教育率低、收入水平低下、贫困率高发、很难获得高收入工作、致病率与致死率较高、卫生保健服务不充分等。《能源成本：认识美国城乡不平等的一个新维度》一文尝试将美国城乡不平等研究延伸到一个很少受到关注的领域：能源成本。通过对跨度二十年的四波"住宅能源消耗调查"数据的分析发现：美国农村居民尽管使用更少的能源，却承担着比城市居民更高的能源支出，他们正在经历"能源痛苦"。农村地区能源成本的上升显著地减少了农村居民的可支配收入，这可能会在其他福利和社会流动等领域对其产生负面影响。文章基于空间不平等的政治经济学视角——增长机器理论——来考察美国城乡能源成本差异，为社会学的空间不平等研究引入了一个重要的新维度。

社会不平等如何被合法化？绩效信念是一个重要路径。通过将个体的社会处境归因于自身努力或能力等自致性的绩效因素，绩效信念使人们认为社会不平等是可以接纳的甚至是公平的。然而，关于民众的绩效信念是否会因阶层位置而分化，学界始终存在争论。其中，自利理论认为，人们对社会分配的感知是一种"阶层意识"，个体在分层结构中的位置越高，则绩效信念越强；而意识形态霸权理论、虚假意识理论以及系统正当性理论认为，绩效信念源于政治教化，或是人们谋求"控制感"的普遍心理需求，因此是一个国家或社会宏观层面的意识形态特征，与个体的阶层位置无关。《地区收入不平等、经济地位与绩效信念》一文提出的"阶层冲突激活理论"强调，结构位置对人们绩效信念的影响会随外部环境条件的差异而分化，尽管个体的经济地位确实会影响其绩效感知，但这种作用是条件性的，它依赖地区收入不平等这一情境触发因素的激活。

拉丁美洲是世界上社会经济不平等程度最高的地区。近年来，随着"2015 年后可持续发展议程"的提出，拉美地区的健康不平等问题受到更为广泛的关注。《拉丁美洲的社会资本、收入不平等与健康分层》一文利用世界价值观调查和世界银行的相关数据，探究该地区的健康分层，并在此基础上考察社会资本和收入不平等对健康分层的影响。研究结果表明，拉美地区基于受教育程度的不同在健康水平上存在明显的分层，这反映出普遍存在的巨大社会经济差异。但是，不管个人的社会资本状况如何，国家层面的广义信任和邻里信任对社会经济地位和健康之间的关系都有调节作用，这有利于社会底层民众，特别是在不平等程度较低的国家。因此，拉美地区在促进健康平等的过程中应当考虑到集体社会资本的重要作用，加强国家层面的公共投入。

公共服务与社会治理

在过去的 20 年里，关于公共服务动机的研究迅速增长，但缺乏系统性的研究概述，文献体系较为松散。《公共服务动机：系统性文献评述与展望》一文对 323 篇文献进行系统回顾，考察了有关公共服务动机的 6 个关键方面：概念研究的发展、基于引文网络分析的杰出研究、最常见的出版物渠道、研究设计和方法、调查路线和实证结果的模式、对实践的启发。文章还指出了现有文献的优缺点，并提出了未来的研究方向，即在理论方面要克服乐观主义倾向，在研究方法上要克服两种缺陷，在测量维度方面要克服统一性弊端。

学界普遍认为，与欧洲相比美国一直扮演着福利国家论的反事实角色。关于"美国福利体制规模为何这么小""政府干预为何如此犹豫不决"的研究长期占据学术主流。但近几十年来批判性的声音逐渐涌现，这些"美国福利国家例外论"认为，事实上美国福利体制的规模并不比欧洲发达国家小。《美国例外论与福利国家：修正主义观点》一文对此进行了梳理和归纳，认为美国福利体制具有 3 个特点，即税式支出在社会福利中发挥核心作用、私人福利制度具有突出地位、政府委托非国家行为者的福利治理模式，这些特点导致了美国福利体系中政府行为的隐蔽性和行政系统的复杂性。文章同时指出了修正主义观点的局限，例如并未有力阐释美国福利体制形成的历史渊源、并未论证为何美欧私人福利起步相似而发展至今的结果不同、对税式支出与政府福利支出的概念等同性有所夸大等。文章最后提出，未来研究的完善还有赖于比较政治经济学研究的广泛深入以及将"福利国家"概念精准化。

随着第四次科技革命的发展，以智能化、数字化为核心的"大数据、物联网、移动互联网、云计算（边缘计算）、人工智能和社交媒体"等新一代信息为特征形成的"数字空间"创造了人类数字化生存的全新模式，人类正从与技术"共存"的阶段迈进与技术"共同进化"的时代。传统的国家治理理论与研究较少将科技因素尤其是人工智能发展带来的社会整体形态改变纳入主要考虑范围，更多的是将信息化作为一种改良的手段。《人工智能、自由裁量权与官僚主义》一文从行政自由裁量权与人工智能之间的互动关系着手进行论文回顾，从深层次分析公共管理中自由裁量权随着科技化程度的加深而不断演变的过程，这对中国的数字化政府建设和社会治理数字化转型具有重要参考价值和启发意义。

跨国公司常常只被看作全球治理的对象，而非治理架构的形塑者。但事实上，跨国公司的兴起重塑了全球的政治经济格局，并产生了深刻的社会后果。《跨国公司与全球治理》一文在对各个领域的研究作了分析与述评后，提出跨国公司在全球治理中扮演了三个主要角色，即治理规则的支持者、阻碍者与供给者。根据不同的角色功能，文章重组了既有文献，并细致回应了跨国公司与新自由主义经济计划、跨国资本家阶级、劳工与人权保护、气候与环境政策等重要的理论与实践议题之间的关联。

希望上述不同主题的研究，对于了解海外社会、反观中国社会、开展跨国比较以及推动比较社会学、区域国别学等学科的发展，具有重要的资料价值和参考意义。

目　录

家庭、婚姻与性别

跨越国界、文化与代际：
移民家庭研究十年综述 *

詹妮弗·V. 胡克（Jennifer V. Hook）　詹妮弗·E. 格里格（Jennifer E. Glick）　著

汪立坤 ** 译

全球约有 2.44 亿人生活在异国他乡，近年来，北美、欧洲和中东地区的总人口中移民占比不断攀升。作为一种转换生活的社会情境的选择，迁移形塑了家庭的生命历程。不仅移民者自身面临着何时迁移、向何处迁移等一系列的选择和限制，他们的家庭同样受到迁移的冲击。无论移民者的家庭选择留守在原来的国家，还是作为一个整体单元流动，抑或在移居地组建新的家庭，相关冲击都会存在。

本文旨在回答以下问题：迁移如何塑造家庭？为了更好地回答这个问题，我们需要思考移民的异质性。人的迁移总是有着各种各样的原因，例如找到了一份新工作、与家庭成员一起在移居地定居，甚至是逃离危险，等等。对于一些移民来说，迁移中断了家庭进程，在目的地定居与融入的过程也给家庭带来了新的挑战。另一种移民——周期性务工移民——其迁移行为是对全球市场与机会有限的区域劳动力市场之间竞争的反应。作为一种管理财务风险、创造收入和积累储蓄的战略，父母或其他家庭成员为了寻找薪酬更高的工作而迁移，并常常让其他家庭成员在家留守。几乎所有移民都保持着与其家庭的关系纽带，这种联系在周期性务工移民身上更加明显：一方面，此类移民通过汇款

---

*　Jennifer V. Hook & Jennifer E. Glick 2020. "Spanning Borders, Cultures, and Generations: A Decade of Research on Immigrant Families", *Journal of Marriage and Family* 82（1）. Copyright © 2020 by SAGE Publications, Inc. Reprinted by permission of SAGE Publications, Inc.

**　汪立坤，中国人民大学社会与人口学院，博士研究生。

给迁出地的家庭带来资源；另一方面，他们也承受着父母、孩子和伴侣缺位的代价。此外，此类迁移往往伴随着新的思想和观念从迁入地流向迁出地，（这些新的思想和观念）往往会改变家庭准则，提高迁移者和留守人群向上流动的期望。在过去十年里，关于周期性务工移民的学术研究有了长足的发展，如今，研究和数据收集工作也加入了对迁出地和迁入地社会情境的关注，目的是了解家庭如何在这些社会情境之间建立重要的联系。

本文主要回顾了移民家庭的生命历程这一研究议题。近十年来，全球移民和移民家庭等议题蓬勃发展，因此我们无法覆盖所有的成果，我们仅仅聚焦于过去十年出现在《婚姻与家庭杂志》（*Journal of Marriage and Family*）上的一些议题。尽管大部分文章都来自《婚姻与家庭杂志》，但是我们也涉及了其他一些杂志上类似主题的文章。我们的回顾主要涉及美国以及那些与美国有紧密联系的迁出国家，但为了强调我们所秉持的理论和方法的相似性、该研究领域的整体性，我们也会涉及其他情境下相近主题的研究。

我们根据主要的家庭进程组织了这篇综述，同时关注了迁出地和目的地的社会情境。首先，我们综述了家庭形成的相关研究，主要包括学校教育和家庭形式、伴侣关系和生育。它们阐释了人口特性、社会经济因素和政治条件对迁出地和目的地之间流动的重要影响。接着，我们转向了过去十年《婚姻与家庭杂志》移民家庭研究主题下最受关注的议题，即移民情境下的孩子养育和亲子关系。最后，我们落脚于赡养和代际纽带等议题，这项议题在当今这个老龄化的世界具有非常重要的意义。在本文的最后，我们展望了移民和家庭变迁研究的未来，也提出了一些需要进一步探索的关键领域，我们希望学者们思考和回答移民家庭如何应对他们所处的变动的环境。

一、家庭组建

（一）在迁出地步入成年期

在过去很长一段时间里，研究者们大多关注生命历程中迁移发生的时间点，着重讨论迁移如何中断和改变移民的学校教育和家庭结构。近十年来，研究者们逐渐转向了父母迁移对留守儿童影响的讨论。对留守的青少年来说，父母的迁移使他们有更好的入学机会、更晚的离家时间和婚姻时间，移民汇款也可以为孩子们提供学费和上学的机会。因此，父母的迁移能够改变孩子的人力资本获得轨迹、家庭的组建和迁移选择。

迁移对人的影响之所以有所不同，主要是由于迁移在不同群体和不同事件中扮演的角色并不相同。例如，在马里和莫桑比克，汇款可以替代彩礼成为家庭经济来源，从而赋予女孩们推迟婚期的选择权，让她们继续学业。而在那些男性外出打工比较常见的社区，男孩们则更可能退学外出务工，或者花更少的时间在校学习，以上结论大多是基于墨西哥和中美洲等男性被视为养家糊口角色的社会情境。值得注意的是，随着女性迁移变得越来越常见，这种性别差异已经逐渐改变，留守女孩的就学、家庭组建和迁移计划也发生了改变。

迁移的影响不限于经济层面，移民们还会分享目的地机会和挑战的相关信息。从汇款到提供信息这一转向会促使年轻人追求自我实现，并塑造他们家庭组建的新模式。针对年轻移民的研究，重点在于说明迁移如何改变他们组建家庭的想法。

（二）在目的地步入成年期

迁移的青少年如何在目的地步入成年期也是一个重要议题。在该路径下，近十年来大量研究展现了生命历程中的重要部分如何受到代际身份（generational status）、社会文化适应情况、社会经济地位和区隔等因素的强有力影响。

移民的合法地位与美国的移民执法是近年的新兴议题。冈萨雷斯（Gonzales）描绘了没有正式身份的年轻人在意识到自己成年后会遇到的各种麻烦时所产生的痛苦，他们被排除在很多普遍的规则和机会之外。在步入成年期的过程中，他们将面对高度的不确定性与成长轨迹的中断。即便控制了家庭背景和社会经济地位等因素，没有正式身份的年轻人与其他年轻人相比还是更难获得学业上的成就。而且也有研究表明，合法化提案（例如针对儿童移民的诉讼延期项目）并不一定会提升这些年轻人的受教育机会。此外，更多关于不合法身份、移民法案和其他政策选择对青少年离家、家庭组建和儿童抚养影响的研究也值得关注。

（三）婚姻的组建

同居和婚姻的形成是走向成年期的重要环节。与家族移民史如何塑造养育行为的研究相似，最近有很多研究试图通过趋同（同化，assimilation）视角解释婚姻行为中的代际模式。例如，戈登（Gordon）提出白人和其他种族的跨种族联姻可被视为社会融入的指标之一。对于第二代女性移民来说，若在父母原籍内通婚，则意味着她们更可能遵循传统的性别角色，而跨族通婚的女性则更少遵循传统角色，且有更高的劳动参与率。

最近，研究者们为超越代际趋同的另一种解释提供了证据。约丹尼斯（Yodains）发现，有一部分人会出于对异域文化的追求而积极寻找其他种族的伴侣，而这种跨种族关系并不意味着种族的社会性差异已经消失。跨种族关系也有可能具备不平等的权力地位这一特征，这种不平等主要源自本社会较低地位的男性倾向于寻找一个外国妻子，并且这个妻子所在的族群可能以女性处在从属地位的刻板印象而闻名。其他族群间通婚的研究也很有价值，尤其在那些固有权力不平等的婚姻关系中更是如此。实际上，对年轻的非正式男性移民来说，驾照和工作的限制妨碍了他们按照既有性别模式求偶，而且由于法律上的限制，他们很有可能推迟进入婚姻的时间。对年轻女性来说，法律地位的限制在向婚姻和母职过渡时更加明显。在这个过程中，这种障碍挑战了成为好妻子或母亲的性别图式。

在非婚同居变得愈发常见的当下，孩子们很有可能生活在同居家庭中，因此我们应当重视同居这项议题的研究工作。已有大量研究讨论了不同种族（民族）间和代际同居率的差异，但如何理解同居对不同人群的意义需要进一步思考。一方面，不同人群存在一定的共性，例如移民与白人跨种族（民族）结合时更可能选择同居关系，原因可能是同居的正式性较弱，以及迁移所造成的性别与家庭组建规范的弱化。另一方面，来自某些国家的移民的同居率相较于其他移民更高，这意味着对社会支持和非婚家庭的接受程度在某些移民群体中更高。而且家庭结构对孩子的影响也受到父母出生国的调节作用，在一项对美国低收入家庭的研究中，研究者指出，相比在美国出生的母亲而言，国外出生的母亲的同居关系对孩子越轨行为的影响更弱。很显然，我们需要更多研究来说明同居如何与移民家庭和儿童的融入模式相契合。

（四）夫妻关系

针对周期性务工移民的"新经济"理论告诉我们：家庭成员是具有分散风险共识的共同体，因此一个人外出务工而另一个留在家工作和抚育孩子。但这个视角近些年来受到了一些批判，过去十年一直有研究通过呈现迁移和夫妻分居如何损害夫妻关系来丰富这一视角。

距离和结构性障碍，例如边境安保的加强限制了移民回家以及与配偶、孩子联系的能力。长期的分居会削弱家庭关系并导致家庭解体，还可能导致家庭成员在迁出地和目的地形成新的性伴侣关系。这种现象多见于西班牙裔群体，可能无法推广到其他族群。在那些女性外出务工而让伴侣留守的文化中，迁移可能会挑战传统的性别角色，并给夫妻带来维持跨国关系的巨大压力。

迁移也可能使身在目的地的伴侣关系陷入紧张，情侣间的性别角色反映的是他们原籍国的状态，而且这种性别角色可能受到他们父母的影响，但这种模式在目的地的社会情境中会随时间而弱化，类似现象在加拿大和欧洲的研究中都有所体现。这种转变并不轻松，一项针对加拿大伊朗移民的研究发现，对于男性的主要挑战是适应新的性别角色和调整家庭分工来应对女性的劳动参与。

迁移如何影响伴侣关系和改变女性角色是一项很有价值的议题，尤其是系统地比较迁出地之间性别不平等水平差异的研究。但这需要考虑移民的选择性，即区分移民的影响和影响移民的因素，已有研究表明夫妻间的权力变动会影响移民的决定。另外，比较各个目的地之间的差异也很有必要。例如，德雷比（Dreby）等人在对蒙大拿州、俄亥俄州和新泽西州的墨西哥移民妇女的独立和自主性的定性研究中发现，在墨西哥人口和社会服务基础设施集中的地方，移民妇女与丈夫或伴侣的关系不那么重要。

（五）生育

同婚姻研究类似，过去几十年间趋同理论也一直是移民的生育能力和父母角色适应等议题的主要研究视角。国外出生的女性——尤其是西班牙裔移民——其生育率显著高于美国出生的女性，这种现象进一步支持了趋同理论。加拿大的一项研究表明，迁出地中较强的生育规范可能对移民的高生育率有显著影响。在美国的西班牙裔移民中，生育率随着迁移代数的增加而降低，并且相对于白人来说，在国外出生的西班牙裔移民对孩子的价值认知更高。尽管如此，无论是西班牙裔还是亚裔，其生育意愿都有所下降，因此我们提醒研究者们对移民的强生育意愿和移民出生国的价值影响其生育行为等假定进行慎重思考，因为这些假定可能不再成立。

首先，值得注意的是，过去几年西班牙裔女性的生育率已经迅速下降，并且美国后衰退时期生育率的下降大部分是由西班牙裔和其他外国移民女性生育率的下降所致。其次，过去在移民女性中观察到的较高生育率部分可归因于她们的生育时间，而不是完整家庭所占的比重较高。在成年期迁移的女性，其养育孩子的计划被迁移打断或者推迟，但一旦伴侣重聚或一起定居在目的地国家，他们就很可能出于弥补心态而增加生育。帕拉多（Parrado）认为，在第一代西班牙裔女性移民群体中所观察到的某一时期较高的生育率大部分可归因于"追赶生育"的模式。另外还有一些证据来自对女性意外生育的主观感受的研究，全国性调查数据显示，西班牙裔女性在意外怀孕上的幸福感比白人女性要高，这被视为西班牙裔女性拥有更高生育价值的证据。但实质性访谈则揭示了更多矛盾的心理，西班牙裔女性移民在面对面访谈时会表达对于意外或错误怀孕的烦恼。

另一相关议题是青少年怀孕。尽管已经观察到某些移民群体中青少年生育率很高，但所有种族（民族）移民群体的子女的生育率都比上一代同龄人要低。主要原因在于性生活的推迟，这可能与移民家庭内部较为亲密的亲子关系有关。基洛伦（Killoren）等人发现，墨西哥裔青少年与父母的亲密关系、异性同伴关系和性意图三者之间存在重要联系。国外出生的青少年相较于美国出生的同辈群体更少地受到同辈群体的影响，这就意味着在他们考虑要不要进行性行为时，父母的影响较大。

二、移民与抚育

（一）在迁出地抚育孩子

随着整个世界的联系愈发紧密，生活在移民输出家庭的孩子数量逐渐增加。实际上，迁移已经变成了墨西哥家庭父亲缺位的主要原因。由于这些变化，移民家庭的父母和子女所面对的挑战吸引了越来越多研究者的关注。这些研究着眼于父母分离和缺位对孩子健康状态的重要影响，并试图更好地解释迁移影响孩子的各种机制。

单从现象上看，似乎没有理由认为迁移导致的父母缺位给孩子造成的影响与其他类型的缺位有所不同，但相较于父母死亡、离婚或非婚生育，移民所造成的父母缺位显然有不同的源起。对跨国家庭而言，迁移的决定和钱财的回流都是为了改善孩子的生活，并且有证据表明，父母的迁移对孩子有积极影响。与其他原因导致的父母缺位相比，在坦桑尼亚，父母迁移的孩子的生存概率更高。这些发现的一个可能解释是，与其他原因离开家庭的父母相比，迁移出去的父母与家庭的情感联结更多。当然这并不意味着身在异地的父母其养育策略不会发生变化，他们需要调整策略以应对长距离异地抚育的挑战。有研究表明，玛雅移民父母倾向于给孩子提供建议而不是指令，因为远距离的指令没有实际效果。

父母迁移对孩子的影响也存在一些重要的差异，而且有一些重要的调节变量，例如性别和目的地条件等因素需要加以考虑。父亲迁移和母亲迁移的影响存在较大差异。例如，阿布雷戈（Abrego）发现，虽然女性在迁移中遇到的困难比男性要多，但是当母亲迁移到美国时，萨尔瓦多移民家庭的孩子会收到比父亲迁移到美国的孩子更多的汇款。在一项针对菲律宾、尼日利亚和墨西哥留守儿童的比较研究中，墨西哥和尼日利亚迁移的母亲更有可能继续参与抚育，但菲律宾迁移的母亲与原籍家庭接触较少。针对印度尼西亚和越南的研究表明，与母亲迁移或者生活在非移民家庭的孩子相比，父亲迁移对他们心理疾病的影响更大，但在菲律宾没有相应的证据支持这种结论。

（二）在目的地抚育孩子

尽管收入低、教育程度低、英语较差、歧视和新进外来者的地位给迁移的父母和他们的家庭造成了非常大的挑战，但研究者仍然发现移民家庭给孩子提供了独特的优势。为了理解这种矛盾，最近有研究关注了墨西哥移民家庭的功能。这项研究追踪了文化价值观（如强调家庭支持和义务）与高质量父母关系的相关性，而高质量的父母关系又会减少孩子的文化适应压力、提升孩子的幸福感。针对英国、德国、荷兰和瑞士移民子女的研究也得到了类似的结论。高质量的家庭关系甚至可以影响到第三代家庭成员，有一系列研究表明，墨西哥裔美国人的祖父母—父母关系会提升青少年母亲的抚育效能。

移民家庭虽能减轻孩子的外在压力，但他们并不能完全对风险和压力免疫。持久性地暴露于歧视、邻居贫困和犯罪之下会限制移民家庭。例如，怀特和鲁莎（White & Roosa）等人发现，父亲对邻里危险的看法与抑郁有关，而抑郁又与女孩育儿的热情降低有关。父亲对邻居危险的认知与家庭凝聚力降低、粗糙的抚育以及孩子的跨国问题相关。这项研究表明，移民父母为保护儿童所做的努力可能是以增加儿童内在化问题的风险为代价的。

除了这些压力，大量移民家庭需要面对家庭成员被驱逐的风险。在美国，约有 500 万 18 岁以下的孩子与至少一位无合法身份的移民父母共同生活，还有更多的孩子在其较大的社交网络中至少认识一个无证移民。在美国边境、内陆移民执法和驱逐愈发严厉的背景下，一些研究开始关注移民执法对移民家庭的影响。

美国移民执法最大的影响在于家庭的分离，实际上，移民执法与家庭分居的关系相当复杂。20 世纪 90 年代末，美国边境执法的加强导致未注册移民家庭数量上升。边境执法提高了周期性务工移民的成本，最终导致跨国家庭数量的减少，因为务工变成了整家迁移。但一旦居住在美国，无证的父母可能会因被驱逐与子女分离，而与拥有美国国籍的子女分离的父母可能会再次非法偷渡，这一循环就会不断重复。

父母被驱逐对孩子的负面影响远高于其他原因导致的分居，因为父母被驱逐意味着同时失去父母的陪伴和经济支持。父母分居和生活在无证移民家庭对孩子的情绪和行为都有负面影响，但父母的合法身份对孩子的影响的证据并不清晰，且受到社会情境的调节作用。

移民政策的溢出效应也值得关注。德雷比描绘了一个"驱逐金字塔"来说明政策的深远影响。在这个金字塔中，相对较少的孩子处在顶端，他们会遭受最严重的后果，即父母被驱逐导致家庭永久性解散；而更多的孩子处在底端，他们遭受其他弥散性的影响，例如担心家庭不稳定、困惑于合法性地位对自己生活的影响，等等。无证移民的身份会影响父母的养育行为，例如限制旅行、限制获得公共福利和生活在对警察的恐惧中。这些障碍限制了父母的经济资源和机会，反过来又溢出到他们在美国出生的孩子，因此，恩里克斯（Enriquez）将美国政府的移民执法政策形容为"代际惩罚"。比恩（Bean）等人的研究表明，父母无证移民的身份将墨西哥裔美国人的社会融入和经济融合显著推迟了至少一代人的时间。

（三）为第二代铺路

养育孩子的一个部分就是为孩子的成年期做准备，在当下信息驱动的经济中，父母对于孩子寻求教育的支持显得日益重要。移民所要面对的挑战是在一个新的社会制度和新的社会期待的情境中抚养他们的孩子。很多研究都认为在美国的移民父母对他们的孩子有很高的教育期望，虽然并非所有孩子都能获得教育上的成就。基于此，近期大量有关移民孩子教育期望的研究都转向了考察家庭之外的社会和制度因素如何影响孩子的教育成就。

移民父母如何更有效地支持他们的孩子在学校的努力也是近期研究的重点议题，这些研究的落脚点多为协作培养的养育模式。克罗斯诺（Crosnoe）发现，西班牙裔移民相比其他移民更少参与学校事务，例如报名参加课外活动和在家中提供教育资料，而这是协作培养的重要指标。他们认为这种情况与西班牙裔母亲较低的教育获得有关。事实上，西班牙裔母亲成年后如果提高了自己的教育水平，那么也会提高她们对子女教育的参与度，这在一定程度上要归功于她们对美国教育机构的理解以及与美国教育机构互动信心的增强。那些在青少年时期移民到美国的母亲，其自身较低的受教育水平和对美国学校的不了解，导致她们的孩子在学校教育和社会情感发展中表现较差。

三、亲属照料

（一）迁出地社区

随着世界范围内老龄化进程的进一步加快，在可预见的未来，老年人口数量预计将继续增长，包括亚洲和拉丁美洲。老龄化世界面临的一个挑战是，年轻人由于迁移而脱离原来的社区。过去十年，有不少研究者讨论了年轻人的迁移如何改变长期存在的家庭角色和支持系统。例如，祖父母照顾孩子的责任在增加，中国从农村流向城市的移民经常会把孩子交由他们的父母照看，类似的照料安排也出现在墨西哥和中美洲的移民家庭中。这种照料实践可能会改变父母和祖父母的抚育角色，由于年迈的祖父母可能无法提供有效的监管，这种照料方式有可能影响到孩子的状况。此外，这种照料安排怎样影响祖父母的健康和经济状况也是一个值得关注的问题。

年迈的父母承担了额外的育儿责任，而子女的迁移也意味着他们自身缺乏赡养者。在中国的社会情境中，传统上来说家里的儿子应当赡养父母，但如今这些家庭不得不面对这种环境的变化。例如，有一项研究监测了迁移的孩子与父母联系的频率，尽管囿于距离无法经常与父母见面，但他们可以使用新的技术手段与父母保持联系。有趣的是，儿子与受过良好教育的女儿都会践行这种联络模式，研究者认为这一发现揭示了中国性别规范的变化。研究者们应该继续探索成年子女的迁移对年迈父母健康状况的影响，以及亲属支持系统如何适应不断变化的状况。此外，对迁出地和目的地社会情境的比较分析也很有价值。

（二）目的地情境

迁移也会改变目的地国家亲属的赡养模式，当年迈的父母移居到儿孙所在地并获得赡养时这种改变就会发生。2017 年，以"父母移居"作为家庭团聚标准，有 148 000 人成为美国公民，约占所有合法入境者的 13%。与家庭团聚意味着家庭联系和赡养的恢复。

但是年迈移民对赡养的需要也制造了家庭矛盾。成年子女往往忙于工作和孩子，而且由于"美国化"程度的加深，他们对赡养行为会持有更加个人主义的观点。瓦里霍（Vallejo）描绘了美国出生的墨西哥裔中产移民在赡养父母和帮助亲戚时感到的内部冲突，因为这些义务会牺牲自己和孩子的时间以及金钱。有趣的是，年轻时迁移的移民可能会调整对赡养的期待，孙志研（Sun K. C.）展示了中国台湾地区的移民调整他们对成年子女赡养期望的过程。受访者表示，他们可以像其他美国人一样依赖老年护理机构，而不要求被"美国化"的子女提供赡养。

年迈移民的赡养这项议题值得重视，尤其对缺乏公民身份和合法地位的移民而言，因为他们通常不符合美国人所依仗的社会安全网计划，例如社会保障、医疗保险和医疗补助。二十年前很少有上了年纪的非法移民，他们大多数都在工作几年后返回家乡，或者是由于 1986 年颁布的《移民改革与控制法案》（*Immigration Reform and Control Act*），从而在 20 世纪 90 年代初取得了合法身份。但是，如今的非法移民身份大多是永久性的，并且近十年来美国政府给予了非常少的"转正"机会。因此，如果不出台新的接纳计划，未来可能出现更多的老年非法移民。而且，正如我们接下来讨论的，限制移民入境的家庭团聚标准的新提议可能会进一步限制移民家庭赡养父母的能力。

四、结论与研究展望

过去十年，移民家庭的研究有了长足的进步。首先，越来越多的研究关注迁出地社区，呈现了前往目的地的移民与他们留守的亲人之间的联系。这类工作大多都讨论了父母迁移对留守儿童的影响，他们不仅指出移民的汇款如何促进了孩子的健康与就学，也揭示了父母缺位所付出的代价，哪怕父母已经努力与异地的孩子保持联系。

其次，目的地社会情境形塑了家庭关系。这种情境限制了家庭成员之间共同移民和团聚的机会。目的地社区和社会服务基础设施的存在可能会降低家庭关系对女性独立的影响，从而重塑夫妻之间的性别角色。移民限制和移民执法会削弱移民家庭的支持网络，不断加强的美国边境执法使非法移民回家或探视的成本越来越高。最终，周期性流动的中断会延长家庭跨越边境的分离。在目的地社会情境中，移民执法、对无证移民的制裁以及反移民情绪等都影响了父母的养育方式，限制了儿童的机会，使人们担心被驱逐出境和家庭分离，并且破坏了年轻人的生活计划。

最后，研究者记录了在目的地定居的家庭抚养下一代时的文化适应过程。这些研究多集中于西班牙裔家庭，并且采用了追踪访谈的研究设计，展现了西班牙裔父母如何传递种族身份和珍视孩子，以及在什么情况下教养孩子的方式会影响孩子的社会情感状态和父母的角色扮演。这项工作有助于解释长久以来的一个现象，即西班牙裔美国人的家庭价值与亲密的亲子关系、孩子更好的社会情感状态相关。该研究也强调了外部压力，例如邻居的犯罪行为、贫困和歧视会摧毁家庭的防护。

过去十年，通过创造性的数据协调和收集工作，以及沟通、整合定量与定性研究的努力，研究者对移民和家庭变迁有了更加深入的理解。这些努力也为将来的研究提供了一系列潜在的路径。接下来我们将分六个部分对将来的研究议题进行展望，期待为未来研究提供一些参考。

（一）移民家庭的多样化

美国的移民在种族、民族以及来源国家上日益多样化。这些年墨西哥裔移民逐渐下降而非裔和亚裔的家庭逐渐增加。跨种族家庭组建的相关研究应当关注这些变化。与美国教育模式的跨种族比较研究相比，家庭内部的功能研究涉及种族议题的相对较少。此外，关注非异性恋、LGBTQ移民及其家庭的研究非常少，他们可能面临独特的挑战，因为他们很多人在原籍国和目的地国家都受到歧视，并且必须适应通常无法承认其作为已婚夫妇和父母权利的法律制度。美国的社会调查使得在同一目的地环境中对不同群体进行比较成为可能。这些数据的收集工作还为那些试图寻找不同国家移民之间差异的理论和实证研究提供了便利。

（二）跨越边界的联结

移民网络遍布全球，因此，移民研究已经超出了一个社区的范围，所以应当考虑迁出社区和目标社区之间的跨边界联系。关于保持跨国家庭联系困难的研究不胜枚举，但研究的结论复杂多样，并不统一。迁移对孩子的影响、移民的性别模式和代际家庭角色等都会随着社会情境的变化而变化。

新的数据和数据融合的努力为跨社会情境的家庭动态比较提供了更多可能。例如德·瓦尔德（De Waard）汇总了拉丁美洲移民数据和墨西哥移民数据，以估算儿童由于其父母移民而面临的父母缺位的情况。还有其他一些数据收集工作更加深入地比较了迁移在儿童生活中的作用，或结合定性和定量的方法进行分析。"东南亚留守儿童跨国移民和照料安排项目"（The Transnational Migration and Changing Cave Arrangement for Left-behind Children in Southeast Asia Project，CHAMPSEA）是一项针对印度尼西亚、菲律宾、泰国和越南移民及其子女的混合方法比较研究，使我们对之前尚未研究的社会情境中（留守的）孩子和他们的照料者的健康和生活状况有了更好的了解。对孩子和青少年的深度访谈和追踪调查数据则是埃塞俄比亚、印度、秘鲁和越南的"青年生活研究项目"（Young Lives Study）的特色。

我们需要更多的比较研究，以便追踪移民家庭的历时变化，从而回答家庭怎样迁移和迁移如何改变家庭等问题。此外，还需要开展更多的理论工作，以综合宏观经济、社会和政治制度以及家庭层面的因素。这将促进我们对迁移影响的异质性的理解。

（三）不同类型的移民

移民动机可能产生的变化也值得关注。本文所回顾的大部分研究关注的是务工移民，但关注气候变化、自然灾害和其他因素所导致的移民的研究也在增加。另外，国内迁移和国际迁移也可能存在差异。国内迁移没有太大限制，但国际移民迁移后的家庭团聚则面临着严重的结构性障碍，要么是限制父母回家，要么是限制孩子迁出。因此，父母迁移的影响可能取决于潜在的法律和经济约束条件，因为这些约束条件会延长父母与子女的分离。

（四）合法地位、移民政策与移民执法

我们必须认识到，许多移民家庭因非正式或有限的法律权限而陷入了巨大的困境。随着当今许多移民环境中排外情绪的高涨，边境和内地执法愈发严格、亲子分离的实践和大规模驱逐出境等做法都会破坏或分裂家庭。这个问题引起了大量关注，我们介绍了一些相关研究，但大多集中于西班牙裔家庭。法律权限和移民政策对其他群体的影响同样重要，尤其是在非法移民老龄化、多样化的背景下。评估严厉的或惩罚性移民执法政策对儿童的中长期影响（例如家庭分居）也非常重要，很显然这是一个面向公众与政策的且值得挖掘的家庭研究领域。

法律权限和移民执法的研究对数据有较高要求。法律权限的相关研究对质性研究者来说较为困难，主要难点在于如何获取研究对象的信任。量化研究所面临的困境在于社会调查中对移民法律权限缺乏测量，但也有一些新的插入方法的发展可以一定程度上弥补这个缺失。此外，社会背景因素的测量有较大的进展，研究者可以通过行政手段和爬虫数据来测量移民执法和反移民情绪的强度。

移民法的变化如何影响合法入境的移民家庭也十分重要。如今，美国移民政策倾斜于家中已经有美国公民或者是合法居民的家庭。新绿卡中的大多数（68%）是美国公民的直系亲属或家庭优惠政策的覆盖群体。然而，针对美国采取类似于加拿大"人才积分"的移民政策的利弊，倡导者和批评家有所争论。至少在短期内，这种变化将会导致更多的家庭分离，并破坏移民家庭之间的非正式支持系统。

（五）跨越代际的联结

移民家庭中跨越代际的联系也非常重要。如今大多数研究都聚焦于移民和他们的孩子。这些研究循着 20 世纪八九十年代的模式，旨在寻求第二代移民（60 年代末期来自墨西哥、拉丁美洲和亚洲的移民的孩子）之间不平等的解释。然而，60 年代末期移民的孙辈已经长大成人，但很少有研究关注到第三代人。如上所述，仅有少数研究记录了移民祖母在其女儿抚养孩子

过程中提供的支持，但对第三代移民进行进一步的纵向研究有助于我们更好地理解当前社会、经济和政治环境中的代际趋同和社会流动。

（六）因果推断

虽然对有影响的政策、服务和项目的描述性工作很重要，但我们认为进行因果关系的识别同样重要。大到国家层面的移民准入、移民执法和合法化政策，小到为移民家庭提供的抚养项目，这些政策或项目的发展与评估都值得关注。这些工作的典型例子包括：评估移民执法对西班牙裔儿童居住类型选择（与父母住、与其中一方住或不同住）的影响；墨西哥裔母亲的教育实现对其协作培养的影响；墨西哥父亲因移民缺位（相对于离婚）而对父子互动的影响。上述的每一个研究都面临着因果关系不清的挑战，应当用有关的理论和先验知识，以及行之有效的方法来探寻大致的因果关系。尽管这些都是定量研究面临的挑战，但是我们看到了定量研究和定性研究都可以在这一领域做出贡献的方法。定性研究是必不可少的，因为它可以提供对定量工作中所见关系背后的过程、机制和动机更深刻的理解。

总而言之，我们认为，在当前反移民的政治环境下，对于移民和移民家庭的研究尤其紧急。移民是社会变迁的主要力量之一，随着世界各国、各经济体越来越紧密地相互联系，这些研究对于理解社会变迁和同时发生在移民、非移民家庭中的变化都十分重要。展望下一个十年，我们期待移民家庭的研究能取得丰硕果实，以面对排外情绪的持续高涨、各种通常是错误的观点叙述等复杂局面。由于移民及其子女跨越国际边界、文化和世代的方式以及该议题的敏感性，进行移民研究存在客观的难度。但是，过去十年来取得的进步也使我们感到鼓舞，因为研究人员采用了细致的测量、创新的多点数据收集和纵向方法，以更好地了解迁移如何在迁出地和目的地背景下塑造家庭。

美国婚姻去制度化的趋势和理论述评 *

安德鲁·J. 切尔林（Andrew J. Cherlin） 著

郑思琪　刘汶蓉** 译

一、相关理论回顾与评述

我（指作者安德鲁·J. 切尔林，下同）在 2004 年的文章中把"去制度化"（deinstitutionalization）定义为"限定人们在婚姻这一社会制度中如何行为的社会规范力趋于弱化"，尤其是指，让个体对自己的行为毫无质疑、想当然地过家庭日常生活。事实上，被视为理所当然的规范是我们理解的社会制度的本质的一部分，但只停留在这一点是不够的。我们需要借鉴新制度主义的研究成果和布迪厄（Bourdieu）的文化资本理论，来理解婚姻制度变迁的可能、程度以及巨大的阶层分化现象。

（一）婚姻与制度理论

根据斯科特（Scott）的观点，制度有三个"支柱"或基本元素：规制体系（regulative system）、规范体系（normative system）和文化认知体系（cultural-cognitive system）。社会学家长期以来一直致力于分析前两种体系，第三个体系则是新制度理论家的贡献。

---

* Andrew J. Cherlin. 2020. "Degrees of Change: An Assessment of the Deinstitutionalization of Marriage Thesis", *Journal of Marriage and Family* 82（1）. Copyright © 2020 by SAGE Publications, Inc. Reprinted by permission of SAGE Publications, Inc.

** 郑思琪，上海社会科学院社会学研究所，硕士研究生；刘汶蓉，上海社会科学院社会学研究所，研究员。

1. 规制体系

规制体系包括了建立并执行规则的能力。直到大约半个世纪前，美国法律才承认婚姻是亲密伴侣关系的唯一形式，这为父母划定了明确的责任和权利。例如，婚外生育的男子不仅没有抚养的责任，也没有要求监护的法律地位。到了 20 世纪 70 年代初，最高法院开始将权利扩展至此类父亲与他们的子女。到 20 世纪 80 年代，美国和欧洲大部分国家废除了将非婚生子女和婚生子女区别对待的法律。这些法律变化的显功能是为不与双亲共同生活的儿童提供支持，但是它的一个潜功能是正式承认了生育和抚养子女的婚姻替代形式。从 2003 年马萨诸塞州开始，到 2015 年，美国法律最终将婚姻的权利和责任扩展至同性伴侣。

人们也可以将宗教纳入家庭生活的规制体系。宗教教义制定了一些规则，诸如伴侣是否可以采取避孕措施、孕妇是否可以堕胎、是否以及在何种情况下可以离婚等。美国虽然是西方世界宗教氛围比较浓厚的国家之一，但也发生了变化。例如，天主教不允许离婚，但如果一桩婚姻开始就不符合教会规则（如配偶双方是亲属或他们不是自愿结婚），这对夫妇多半会被宣告婚姻无效（annulments）。在 1962—1965 年第二次梵蒂冈大公会议（The Second Vatican Council）召开之前，很少有这种无效宣告。正是此次会议后不久，美国天主教会才放宽了宣告婚姻无效的标准。1970 年以前，每年仅有 400 例婚姻被宣告为无效，1991 年这一数字大幅度地上升到了 64 000 例，2007 年则下降到 35 000 例。主流的新教教派对于离婚者是宽容的。保守的新教教派虽然反对离婚，但是依然接受那些离婚但想要治疗或复婚的人。因此，在规制领域，我们看到规则正在松动，那些严格界定婚姻义务和限制离婚的规则正在逐步放宽。

2. 规范体系

社会学"旧"制度理论家认为，社会制度源于强大的价值观和规范的内化，在家庭中，这一过程始于儿童社会化。来自父母、同龄人、教师和媒体的信息灌输、奖励以及惩罚使得个体在成年后高度社会化（可以说是过度社会化），因此在成年人的家庭角色方面几乎没有留下什么变化和创新的空间。在帕森斯（Parsons）活跃的 20 世纪 50 年代，强调价值观和规范似乎是恰当的，因为当时婚姻十分普遍，并且社会在道德上不接受其他生育和抚养孩子的方式。当时社会价值观和规范被广泛认同，个人会毫无争议地遵循它们，也不会真正思考它们是否合理。在这种情况下，我们可以说这些行为是制度化的。例如，在1980年之前，美国人口普查局有规章明确规定，在已婚夫妇的家产中，户主必须写丈夫，只允许有以下3种关系：户主、户主的妻子和户主的子女。人口普查局在使用这些术语时只是反映了人们想当然的假定，但是当人们开始质疑这一假定时，人口普查局就改变了它的程序。到1980年，丈夫或者妻子都可以被列为"户主"。

3. 文化认知体系

虽然新制度主义理论家也认为，制度化的行为是理所当然的，即依赖认知图式将其作为生活日常惯例的行动者不需要有意识的反思。但他们也认为，制度化行动者有不止一个文化框架供其选择，因此，他们的行为并不完全由其生活环境决定。相反，借用斯威德勒（Swidler）的著名比喻，文化类似于工具箱，人们可以从中选择最合适的工具——可以随着条件的变化选择使用哪种工具，即哪个图式。这样，新制度理论比旧的规范或规制理论更能接受制度变迁的可能性。桑顿（Thornton）等人提出，家庭的制度逻辑发生改变有下列3种情况：周边制度的逻辑发生改变、制度所依托的资源环境的改变以及制度内部的矛盾。首先，就周边制度的变化而言，劳动力市场的逻辑已经发生了很大变化。从20世纪中叶开始，女性外出就业变得越来越普遍；从1980年前后开始，随着工厂迁出美国或自动化程度的提高，工人阶级婚姻中丈夫的工作机会减少了。其次，就资源环境的变化看，最重要的是避孕药和其他医学避孕手段的引入，妇女（及其伴侣）能够比过去更大程度地控制生育。最后，就内部矛盾看，这些发展和其他因素造成了婚姻中全职主妇角色的张力，一方面是其在劳动力市场有了更多的机会，另一方面是生育水平更低，时间也更可控。

新制度理论家认为制度在变革的过程中很少会彻底消失，而是出现分层（layering），即"旧的制度依旧存在，但是新的规则引进后发生了修正"，从而与现有的制度并存。桑顿等人区分了发展性变革（developmental change）和转型性变革（transformational change），以此描述制度变迁的程度。发展性变革，是指原来的实践和观念大部分仍然保留，同时出现了新的实践和观念。转型性变革，是指出现根本性的结构调整，围绕制度的实践和观念发生了巨大变化。例如，对婚前性行为的接受度就是转型性变革。1963 年的一项全国性调查询问了被访者对"我相信婚前男女完全性行为是可接受的"这一说法的态度，在"即使他们并不是特别喜欢对方"的最极端情况下，仅有 11% 的人赞同男性可以，7% 的人同意女性可以如此。但即便在最不极端的"他们已经订婚"的情况下，也只有 19% 的人认为可以接受订婚男性发生完全性行为，17% 的人认为订婚女性可以这样做。1972 年，美国社会综合调查（GSS）已经发生了显而易见的变化，该调查开始询问："在我国，有很多关于性的道德和态度变化的讨论。当一个男性或女性在婚前发生性行为，您认为这'总是错的''几乎总是错的''只在有时候是错的'，还是'完全没错'呢？"被调查者的回答分为两大阵营：47% 的人认为这"总是错的"或"几乎总是错的"，而 53% 的人认为这"只在有时候是错的"或"完全没错"。到 2018 年的社会综合调查时，只剩 24% 的人认为这"总是错的"或"几乎总是错的"。

因此，在大约半个世纪的时间里，人们对婚前性行为的态度已经从普遍不接受变为广泛接受。这是转型性变革，它极大地削弱了未婚者应该禁欲这一规范，从而侵蚀了由婚姻来组织性行为的制度性力量。相反，人们对婚外性行为的态度却变化不大，且朝着相反的方向发展。在 1973 年的社会综合调查中，在被问到"你对一个已婚人士与伴侣之外的人发生婚外性行为的看法是什么"时，有 70% 的受访者表示这"总是错的"。该百分比在 2008 年达到 84% 的峰值，然后在 2018 年回落至 75%。这种变化是发展性的而非转型性的，也就是说，在任何时候，都有 70%—84% 的人反对婚外性行为。在这方面，婚姻的制度性力量依然很强大。

（二）婚姻与文化资本

在 2004 年那篇文章中，我谈到婚姻的地位在更大范围的亲密伴侣系统中正在下降，但我没有预料到的是，这一过程对受过大学教育的人和没受过大学教育的人的影响出现了差异。不同于教育程度较低的美国人，受过高等教育的美国人却选择将婚姻作为家庭生活的中心。他们结婚的可能性更大，离婚的可能性更小，且生育行为更可能发生在婚内。布迪厄的文化资本概念有助于理解这种阶层化的模式。

文化资本是一种态度、倾向和行为的综合体，它为个体提供了有可能转换成经济资本的资源。例如，拉鲁（Lareau）在她关于育儿方式阶层差异的研究中，描述了受过大学教育的父母如何积极提高孩子的才能和见解，重视培养孩子的自主性和自我导向。在已婚夫妻中，受过大学教育的父母花在子女身上的钱比没受过大学教育的要多，而且这种差距在不断扩大：收入最高的 20% 父母与收入最低的 20% 父母相比，花在子女身上的费用的差距在 20 世纪 70 年代初至 21 世纪 00 年代中期之间扩大了 3 倍。此外，在 1985—2012 年间，受过大学教育的已婚男性比没受过大学教育的男性在照顾孩子的时间上增加得更多。事实上，一些学者认为，受过良好教育的人组成的婚姻已经成为优生优育（privileged childrearing）的推手。

受过良好教育的人的这种养育方式可能是被日益加剧的职业竞争所驱动的，因为收入存在严重的社会不平等，而每个父母都希望子女成年后能够获得一个好职位。实际上，在美国收入更不平等的州，父母对孩子的经济投资也更高。这一策略似乎适用于那些婚姻中收入稳定可观的夫妻，而这一标准对受过大学教育的成年人来说更容易达到。结婚对那些希望追求高投资策略的父母来说是很有价值的，因为婚姻提供了"可强制执行的信托"，经济学家也称之为"更低的交易成本"。它依靠公开的承诺，并且受婚姻法和离婚法保护。有了这种承诺和保护，父母才愿意付出大量时间和金钱，牺牲在劳动力市场上的事业或潜在机会，将更多时间投入到养育子女中。投资的一项重点是通过课后活动、私人课程、与权威人士对话训练等来发展子女的文化资本。这些文化经验和能力能使他们的孩子成年后更适合从事高薪的专业技术职业。总体来说，受过大学教育的父母向子女传递文化资本的过程，也是阶层结构在下一代再生产的过程。

就文化资本而言，婚姻对没有大学学位的人来说价值更低，因为他们在培养孩子方面投入的金钱和时间都更少。当然，这并不意味着婚姻对他们来说没有经济价值，也并非否认他们在婚姻生活中可能获得的非经济利益。受过高等教育的人在育儿方面的高投资，意味着他们可能比教育程度较低的人更加坚守婚姻制度，更有可能围绕婚姻来组织家庭生活。这就解释了为什么我们看到，受过大学教育的人比未受过大学教育的人选择其他家庭形式的趋势更弱。

（三）小结

综上，考察新制度主义和布迪厄的社会理论，对于婚姻的去制度化分析有以下启示。

第一，婚姻和任何制度类似，都被假定为倾向于稳定。制度在社会力量的支持下，很难发生实质性的变革。当一个可能产生变化的刺激被引入时，该制度很可能会抵抗并维持大体上的不变。

第二，尽管如此，变革还是会发生。其他制度、资源和技术发生的变化，或者制度自身的内部矛盾都可以推动变革。当个人使用多重认知和文化框架时，也可以促进变革发生。

第三，在发生实质性变革的情况下，制度更有可能以一种变换了的、衰落的状态继续存在，而不是消失。新的形式可能被置于既有形式的上层，但不是替代它们。旧的形式依旧可见。

第四，变革可能是发展性或者转型性的。也就是说，一种是表面的、程度不深的、基本保持制度轮廓的变化，另一种是明显的、深层次的、改变了制度基本结构的变化。转型性变革更符合"去制度化"的理念。

第五，一项制度可能在某些社会阶层仍占主导，但在其他阶层中趋于弱化。相对于那些资源较少的人，它的结构对于收入和教育程度较高的个人更有利。

二、美国婚姻去制度化趋势

2004 年我提出的婚姻去制度化论断主要包括两个部分：其一，和过去相比，婚姻的替代形式更易被接受，也更流行，由此导致婚姻在亲密关系、育儿和家庭生活中的主导地位显著下降；其二，关于夫妻该怎么做，以及彼此该如何期待，即婚姻内部的变化已经达到了可以称为"去制度化"的程度。除了对这两个部分的考察之外，本部分还讨论与之相关的个体化、"顶石化"和同性婚姻的发展。

（一）婚姻替代方式发展

最近的现实发展支持了去制度化论断的第一部分，即婚姻在家庭生活中的地位不再那么重要，尽管这一判断更适用于那些没有接受过大学教育的人。也就是说，削弱婚姻地位的去制度化或转型性变革已经发生了。美国几乎所有的社会群体都发生了一个转型性变革，最明显的例子就是同居现象的增加。可以肯定的是，在美国历史早期，同居关系有时会被法院认定为"事实婚姻"（common-law marriages），存在于穷人和神职人员不能及的边缘地区，但是大部分这样的夫妻都自认为且对外宣称自己是已婚者。事实婚姻不被视为婚姻的替代方式，而是另一种形式的婚姻。到 20 世纪，法律对婚姻的规制日趋严格，非正式婚姻逐渐减少。然而在 20 世纪后半叶，同居现象急剧增加。在 1987 年，19—44 岁的女性中有 1/3 的人有过同居经历，到 2013 年，这一比例达到约 2/3，在白人、非裔美国人、西班牙裔和所有教育群体中都出现了激增。此外，同居和婚姻之间的联系也减弱了。在 20 世纪 80 年代中期，同居的未婚女性更多以结婚而非分手来结束同居状态，但是到了 2010 年前后，结束同居的方式更多的是分手而不是结婚。在这一时期，同居的持续时间也在增加，同居持续至少 5 年的百分比从 22% 上升到 42%。同居的持续时间更长、结婚的倾向更低意味着对于越来越多的未婚伴侣来说，同居成为婚姻的一种替代方式（尽管长达数十年的同居在一些欧洲国家很常见，但在美国依然罕见）。

然而，许多指标显示，受过大学教育的人对婚姻的重视程度更高。例如，在非婚生子方面，未受过大学教育的人群出现了转型性变革，但是受过大学教育的人没有。2010—2014 年间，在 40 岁以下没有受过大学教育的女性中，婚外生育的比例为 55%，占生育行为的大多数。这和上一代相比是一个重大转变：在 20 世纪 90 年代初，只有那些受教育程度最低的妇女（未受过高中教育）的大多数子女是非婚所生。自那之后，非婚生育的最大增长发生在教育程度中等的女性中，即高中学历或受过部分大学教育但没有学士学位的女性。2010—2014年间，在受过大学教育的女性中，非婚生育的比例只有12%。

事实上，当我们力图去探究当今美国的家庭制度时，可以看到两个不同的子系统：一个主要涉及有大学学位的人，另一个主要涉及那些没有大学学位的人。与未受过大学教育的人相比，婚姻在受过大学教育的人的生活实践中更居核心地位。受过大学教育的男女一生中结婚的比例要比受教育程度较低的男女高。根据一项预测，在有大学学位的成人中，84%的人会结婚，而在没有大学学位的人群中，该比例为72%。此外，离婚趋势也因受教育程度有重大差异。20世纪60年代到70年代，离婚率在整个社会范围内上升，各种教育程度群体的离婚率都上升了，且在1980年左右达到了顶峰。然而自那以后，离婚率在受过大学教育的人群中下降的速度远远大于那些受教育程度更低的人群。由于较高的结婚率和较低的离婚率，受过大学教育的人中正处于已婚状态的比例也更高。2017年的美国社区调查显示，目前处于已婚状态的人口比重，在大学教育程度的人群中占63%，在受过部分大学教育的人中为52%，在高中学历的人中为48%，在没有高中学历的人中为49%。

总而言之，我们看到，那些拥有大学学位的美国人更多以婚姻为中心来组织家庭生活，而那些受教育程度较低的人群则更依赖其他婚姻替代方式，如同居、单亲，他们也拥有更高的离婚率。事实上，我提出的所有关于去制度化的特征，都更可见于没有大学学位的美国人。在未受过大学教育的群体中，我们更清楚地看到了转型性变革，婚姻在亲密伴侣关系中的地位已经衰落。另一方面，在受过大学教育的群体中，我们看到的变化程度小得多。的确，与前几代受过大学教育的人比起来，他们更有可能在婚前和伴侣同居。他们因为完成学业、成就事业、与伴侣同居，所以结婚的时间更晚。然而，他们一生中的结婚率高于非大学毕业生（尽管低于20世纪中期任何教育群体的结婚率）。而且，他们一生中的离婚率也较低，他们的子女绝大部分都在婚内出生。因此，对于有大学文凭的人来说，婚姻地位的变化似乎是发展性的，而不是转型性的。

人们还可以发现，在美国，婚姻替代方式也存在着巨大的种族差异，尤其是非裔美国人已明显地远离婚姻。尽管在近几十年中，白人的非婚生育率在快速提高，但绝对比率仍有很大的差异。2016年，在有生育行为的非裔美国人中，70%是未婚女性，而在非西班牙裔的白人中，这一比例为29%。在所有婚外生育的女性中，非裔母亲比非西班牙裔的白人母亲更有可能没有伴侣（而不是同居）。在有18岁以下子女的家庭中，60%的非裔家庭的户主是单身（没有伴侣）父亲或母亲，而在非西班牙裔的白人家庭中，该比例为26%。就结婚而言，预计只有51%的非裔美国女性会步入婚姻；而在非西班牙裔的白人女性中，相应数字为84%。2017年，只有33%的非裔美国人处于已婚状态，而非西班牙裔白人的这一比例为57%。即使是受过大学教育的非裔美国人，在2017年处于已婚状态的也不到一半（44%）。对于非裔美国人来说，婚姻在亲密伴侣关系中地位的削弱是一个转型性变革，从这个意义上讲，婚姻在他们中已经去制度化。

（二）婚姻内部行为变化

去制度化论断的另一个组成部分是，婚姻中的行为和期待已经转变到了一个可以称之为"去制度化"的程度。在这个方面，我必须说，该理论效果不佳。劳尔和约达尼斯（Lauer & Yodanis）在一系列文章中批评了婚姻中的变化大到足以证明去制度化的观点。他们利用国际社会调查项目2002年收集的30个国家的调查数据，考察了已婚人士是否会将收入与配偶共享。在所有的国家样本中，只有6%的已婚人士说他们所有的钱都各自分开，另有11%的人是部分分开，83%的人把所有的钱合起来使用。"钱财共享"是为了家庭的联合生产而集中资源的一个指标，该指标证明婚姻内的行为似乎仍旧是制度化的。但也有证据表明，婚姻中的经济观念和实践在制度化的程度上有差异：他们发现，一个国家的婚姻实践越不传统，该国的调查对象就越有可能将部分或全部金钱分开。此外，艾克迈耶（Eickmeyer）等人将有继子女作为家庭行为缺乏制度化规则的一个潜在指标，研究结果发现，有继子女的夫妻更少实行"钱财共享"。

其他重要的社会规范仍然表明，婚姻内的行为是制度化的。"男人必须有一份稳定的工作才能被认为是好丈夫"的准则依然强大。妻子可能也想工作，但这不是必需的。在 2014 年的一项全国调查中，78% 的未婚女性表示对方是否有稳定的工作是她们在择偶时一个很重要的标准，而只有 46% 的未婚男性表示配偶或伴侣拥有稳定工作对他们来说是重要的。这一准则似乎也适用于欧洲许多国家。男性在劳动力市场上的成功也与异性婚姻中的离婚相关联。基勒瓦尔德（Killewald）考察了收入动态的跟踪研究数据，发现不管妻子在劳动力市场上的收入潜力如何，异性夫妇是否会离婚部分取决于丈夫是否拥有全职工作。贝特朗（Bertrand）等人对家庭收入分配的数据进行了分析，发现妻子倾向于避免自己挣得比丈夫多。看起来，丈夫必须是养家糊口主力的准则依然存在。

总体而言，在各个社会阶层仍可以看到婚姻内部的制度化运作。婚姻仍然是一种亲密伙伴关系，建立在市场劳动和家务劳动合作的基础上，且通常以育儿为主。劳动分工可能不同于"养家—持家"模式，但这种区别还没上升到重新定义我们对婚姻理解的程度。在桑顿等人看来，这一结果表明婚姻制度内部的变化是发展性的，而不是转型性的。也就是说，新的实践和观念已经出现，但没有从根本上改变制度的内部逻辑。因此，婚姻内部的变化程度似乎不足以被贴上"去制度化"的标签。

（三）婚姻个体化和"顶石化"

社会理论家贝克和贝克－格恩塞姆（Beck & Beck-Gernsheim）在论述社会结构化的个人生活被替代的时候，用了"DIY 生涯"（do-it-yourself biography）的说法，即通过自己的行动和反思来构建个人生活。在婚姻家庭领域中，有条理的、可预测的行为秩序被"爱情的正常混乱"所取代。类似地，吉登斯（Giddens）曾写过"亲密关系的转型"，即由社会规范维系在一起的关系被纯关系所取代，只有当卷入关系的个体认为值得时才会维持在一起。我在文章中提出，一种个体主义的婚姻形式正在美国出现。它的关键特征是配偶双方的自我发展，即关注个人成长和情感表达，而不是通过建立家、扮演配偶和父母的角色来获得满足。伴侣之间需要开诚布公的交流，角色是灵活的、可协商的。我认为这种方式明显存在于年轻人寻找亲密关系、同居和婚姻行为中。

然而，社会阶层差异中出现了一个意想不到的逆转：在未受过大学教育的成年人中，一种内在导向的、专注于自我发展的精神治疗性的话语正在兴起。他们向咨询者诉说自己的成长经历带来的痛苦，以及消除这些痛苦的需求。他们谈论成年后要实现的目标都是个体化的，如不仅要从童年创伤中复原，还要从最近与毒品和酒精的斗争中复原，而不是传统的目标，如获得一个成功的婚姻。没有和子女住在一起的父亲会谈到与子女培养感情，但很少提及与孩子母亲的关系。这种自我发展导向的话语是令人惊讶的，因为这是一种关于家庭和个人生活的后物质主义思想。在既有文献中，这种思想与那些足够富裕的人联系在一起，因为只有这些人不需要关注物质需求。人们也许会认为，这些思想会存在于那些经济条件好、受过大学教育的年轻人中，但事实上，它在经济条件较差的人群中也很明显。

相反，受过大学教育的夫妻似乎对婚姻更加忠诚。正如我之前指出的，从 20 世纪 80 年代开始至少到 21 世纪初期，在受过大学教育的人群中，离婚风险持续大幅下降。我们还不清楚为什么受过大学教育的人离婚的风险会有这么大幅度的下降。我推测这与高投入的育儿方式有关，对时间、收入和精力的高要求需要夫妻双方的投入。作为父母，尤其是母亲，牺牲了职场的成功来提升子女的文化资本（布迪厄理论意义上的），所以他们需要伴侣长期相伴的承诺。无论如何，亲密关系的个体化特征在受过大学教育的人中可能于几十年前已经达到了顶峰，而在没有大学学位的美国人中还在加强。

另外，我在 2004 年的文章中提出，婚姻在成年过渡中的地位已经改变。这一关于婚姻变化的判断依然有效。在 20 世纪中叶，当结婚年龄处于历史低点时，婚姻是成年人个人生活的奠基石（cornerstone），是基础；但现在它是个人生活的顶石（capstone），是被放置的最后一块石头。在前一个阶段，如果一对伴侣想要体面生子，想要一起租房或买房，就必须结婚，在求职时已婚男性会比未婚男性更被看重。而在当下阶段，不结婚也可以做这些事，许多伴侣是做了这些事情之后再结婚的。结婚年龄在大多数西方国家持续上升。2018 年，美国男性的结婚年龄中位数是 29.8 岁，女性是 27.8 岁，这是自 1890 年人口普查局开始记录以来的最高值。在 2004—2018 年，男女结婚年龄中位数都增加了 2 年以上。在美国，人们一般都是第一个孩子出生之后再结婚。自 1992 年以来，初婚年龄的中位数一直大于第一次生育年龄的中位数，两者在 2010 年相差 1 年。

（四）同性婚姻和 LGBTQ 家庭生活

我曾经认为，同性婚姻接受度的日益提高推动了去制度化，因为这远远超出了当时的婚姻规范。然而后续的现实事件表明，我低估了同性婚姻合法化对婚姻的制度化的影响。同性婚姻合法化在一定程度上是对婚姻作为一种制度具有持续显著性的认可，从而强化了与制度有关的社会规范，保持甚至加强了婚姻的象征价值。事实上，同性婚姻在美国比在其他国家更具有争议性，因为婚姻在象征层面非常重要。婚姻是否应该只属于异性夫妻？支持者和反对者就此在法律和规范层面争论不休。这个问题在奥伯格费尔诉霍奇斯案（Obergefell v. Hodges）中达到高潮。最高法院大法官安东尼·肯尼迪（Anthony Kennedy）宣称："源于人类最基本需求的婚姻，对我们最深远的希冀和抱负至关重要。"他认为将同性伴侣排除在外"与婚姻权利的核心前提相冲突"。在肯尼迪看来，尽管经济利益是婚姻的一部分，但婚姻作为一个法律范畴，并不是以其经济利益为基础的，而是以价值观和规范为基础：婚姻满足的是人类的一种基本需求，因此无论人们的性取向如何都应该可以结婚。

到 2017 年，大多数住在一起的同性伴侣——据盖洛普的一项估计，其比例为 61%——利用奥伯格费尔案之后的州法律以及全国法律的变更而步入了婚姻。如此高的比率表明，对许多 LGBTQ 美国人来说，婚姻是个人生活成功的一个有意义的标志。奥伯格费尔案将婚姻的法律适用性扩大到了同性伴侣，不仅为他们提供了结婚者享有的权利和保护，也提供了获得已婚者社会地位的机会。美国同性婚姻合法化运动凸显了美国人对婚姻的高度重视。我曾经认为，对于同性伴侣在婚姻中该扮演什么角色，社会几乎没有任何指导，因为大多数的社会规范都是基于性别的。但现在我认为这个判断也值得怀疑。事实上，研究表明，同性伴侣在分担家务和孩子照料方面比异性伴侣更加平等。而且，当他们有孩子以后，许多同性伴侣确实会进行劳动分工，一方更多从事有偿工作，而另一方更多照料孩子。虽然同性伴侣选择结婚支持了婚姻的象征意义，但对于婚内行为的社会规范，他们也有所拓展。

然而，LGBTQ 人群结婚的比例可能永远不会达到异性恋人群的比例。同性伴侣在 2015 年之后出现了大规模的结婚现象，可能是因为多年同居、有结婚倾向的伴侣数量的积压；但较年轻的伴侣将来可能不会如此大规模地结婚。此外，酷儿理论家对婚姻的中心地位提出了挑战，他们主张婚姻在个人生活中的"去中心化"（decentering）。事实上，一些人质疑一夫一妻制规范本身，提倡家庭的定义应该被拓展，应该包含建立亲密纽带的人际网络，而不是人口普查局规定的血缘、婚姻或收养关系，也不一定是住在一起。目前，我们还没有人口统计数据来确定不同性别和性少数群体中多少人有家庭关系（无论是去中心化的还是一夫一妻制的婚姻）。如果人数够多，他们的家庭生活将推动婚姻的去制度化进程。

三、对婚姻去制度化论断的评估

尽管主要适用于未受过大学教育的人群，但从广泛的亲密关系领域看，近几年婚姻地位的变化与去制度化论断是一致的。与过去相比，婚姻以外的生育方式更加普遍。但法律和宗教教义的规制性依然侧重于婚姻，而同居和单亲父母则缺乏明确的指导和法律保护。婚姻成为一种选择，而非必需品，还有其他的择偶和生育途径。这一进程在西方其他地区走得更远，如在北欧，终生同居作为婚姻的一种替代形式已经被广为接受，以至于家庭研究者的关注对象是长期的伴侣关系而非婚姻本身。

在美国，婚姻地位的衰落在没有大学学位的人群中最为明显。和有大学学位的人相比，他们结婚的可能性更小，婚外生子的可能性更大。非婚生育不仅在受教育程度最低的人群中占大多数，在高中毕业生中也是如此，而且在受过更高教育但没有大学学位的人群中，该比例也超过一半。未受过大学教育的人在同居关系中生孩子的比例越来越高，但与欧洲长期稳定的伴侣关系不同，他们的同居关系解体的比率很高。因此，在个人如何发展亲密关系方面出现了一个明显的社会阶层分化。相比之下，在受过大学教育的人群中，尽管也发生了一些变化，但婚姻总体上仍扮演着核心角色。相关趋势包括：大部分受过大学教育的年轻人在婚前会与伴侣同居，且他们一生中结婚的可能性低于 20 世纪中期；虽然大多数人仍会结婚，但他们的结婚年龄要比过去晚；他们绝大多数要等到结婚后才生第一个孩子；他们会把两人的收入合二为一，大力投资那些能提升子女文化资本的活动；尽管女性依然承担了一半以上的家务和育儿工作，但受过大学教育的丈夫开始分担更多家务。变化已经发生，但这些变化是发展性的，而不是转型性的；婚姻依旧是生命历程中不可或缺的一部分。

至于该论断的第二个部分，即婚姻中的行为是否已经转变到可以称之为"去制度化"的程度，我们必须在权衡后得出结论说，还没有。可以肯定的是，与过去规范化的性别分工相比，已婚伴侣（以及长期同居伴侣）在如何构建关系方面有了更多的选择。在异性伴侣中，男性比过去承担更多家务劳动，女性也更多地在外工作赚钱；生活上出现了一些过去少有的方式；公共舆论越来越反对"妻子就业对家庭生活有害"的观点；虽然男性的支配地位和家庭暴力并未消失，但是配偶协商决策更为普遍。我们看到婚姻中行为的延续和变化同时存在，这种变化是发展性的，而不是转型性的。

不过，我在文中介绍的"顶石婚姻"概念仍有意义。美国男女结婚年龄的中位数持续上升，现在已处于前所未有的高水平上。婚前同居已经成了常态，在 2010—2014 年首次结婚的女性中，70% 在婚前与伴侣同居。除了大学毕业生，其他教育群体中大多数或接近大多数的人生育第一个孩子都发生在婚前。年轻人告诉社会学家，除非他们确信婚姻在经济上可行，否则不想结婚。他们倾向于在结婚前确保经济有保障。与 20 世纪中期不同，婚姻对于许多人来说是迈向成年的最后一步，而不是第一步。它成为一种对个人成就的庆贺，一种可以和家人朋友一起庆祝的成功象征。

总体而言，我们看到，在更广泛的亲密伴侣关系领域，婚姻的地位发生了深刻变化，但婚姻内伴侣行为的变化更为温和。这种对比表明，一种社会制度在内部运作方式没有发生大变化的情况下，与其替代方式之间的关系也可能发生大变化。如今，婚姻是迈向成人的众多途径之一。然而，尽管社会发生了变化，我们仍然承认婚内既有的规范。婚姻所发生的变化也表明，一个制度的性质和变化程度可能因个人所处的社会阶层而不同。当各个阶层都努力为保持利益优势、摆脱束缚或获得更大权利而斗争时，制度变革却可能以一种不对称的方式发生，为一些阶层带来优势，也给另一些阶层带来劣势。尽管美国婚姻的去制度化或更广泛的亲密伴侣关系的去制度化，可能并没有像我声称的那样全面发生，但仔细研究过去 15 年中发生的事情，仍有助于我们更好地理解社会制度是如何演变的。

基于家族社会学的日本社会性别及女性就业研究综述

田嫄　刘楠* 著

被称为"女性学"的研究从 20 世纪 70 年代开始在日本逐渐发展，经过 80 年代大量借鉴欧美女性主义研究的积累，到 90 年代"社会性别研究"成为日本学术体系的一个分支。

社会性别研究是多个学科的交叉领域。对应社会变化的特点，各个学科的研究视点和理论运用甚至概念的含义都有所不同。为了更好地讨论，本文着重评述家族社会学框架内的社会性别研究。之所以选择家族社会学作为日本女性学／社会性别研究评述的切入点，有以下两个原因：（1）女性主义、女性学、社会性别研究的中心问题之一是社会结构与女性社会角色分工的维持机制；（2）女性履行社会角色的主要场所之一是家庭。[1]

众所周知，日本的"主妇规范"在 20 世纪 70 年代达到顶峰并维持了几十年，虽然在 90 年代后期开始出现破绽，但其长久以来在日本一直存在并延绵至今。在老龄少子化、劳动人口不足的背景之下，日本于 1999 年制定了《男女共同参画社会基本法》，企图改变维持多年的以性别对男女进行分工的社会结构，促进女性就业。20 年后的 2018 年，虽然日本厚生劳动省统计显示，25—44 岁的 3 717 万女性的就业率达到了 76.5%，但是日本女性管理层人数占比低下，而且女性多数从事带有女性气质的工作，社会结构中男性占优位的特点似乎并没有实质性的改变。

---

* 田嫄，山东师范大学外国语学院，副教授；刘楠，日本山梨英和大学人间文化学部，专任讲师。

[1] 山根真理，1998，「家族社会学におけるジェンダー研究の展開—1970 年代以降のレビュー」，『家族社会学』10.

在基于日本社会的这些特点发展而来的日本女性学/社会性别研究中，对家庭以及女性就业的考察是解明众多性别歧视问题的关键和研究的重心之一。

一、社会性别研究在日本家族社会学中的发展

山根真理 1998 年在刊行的《家族社会学》（家族社会学）中发表了"家族社会学中社会性别研究的展开——1970 年后的文献综述"（家族社会学におけるジェンダー研究の展開—1970 年代以降のレビュー）一文，对日本社会性别研究与家族社会学研究中具有代表性的相关学术期刊〔如《社会学评论》（社会学評論）、《家族社会学研究》（家族社会学研究）、《家族研究年报》（家族研究年報）、《家族关系学》（家族関係学）〕的相关论文进行了梳理，对从 20 世纪 70 年代到 90 年代后期的二十多年间家族社会学与社会性别的交叉研究进行了全面的总结性评述。本节基于山根真理的文献整理，介绍社会性别研究如何在日本家族社会学中扎根并取得阶段性发展。

家族社会学中社会性别研究视点的变迁，从 20 世纪 70 年代到 80 年代再到 90 年代，其各个阶段的特点与女性主义在日本社会科学中的整体发展状况相似。对于各个阶段研究内容的变化与发展，山根真理从以下 4 个方面进行了总结。

一是女性主义、社会性别等关键词的普及与相关研究的跟进。20 世纪 70 年代研究者开始关注女性主义问题，80 年代开始导入女性主义理论，90 年代以后研究对象扩大到了男性、阶级、政治、开发等诸多领域。[1] 这一时期具有代表性的学术著作是落合惠美子的《近代家族与女性主义》（近代家族とフェミニズム）[2]。书中列举了近代家族的 8 个特点：（1）家庭内领域与公共领域的分离；（2）家庭成员之间强有力的感情关系；（3）子女中心主

---

[1] 山根真理，1998，「家族社会学におけるジェンダー研究の展開—1970 年代以降のレビュー」，『家族社会学』10.

[2] 落合惠美子，1989，『近代家族とフェミニダム』，勁草書房.

义；（4）男性公共领域、女性家庭领域的性别分工；（5）家族集团的强化；（6）社交的衰退；（7）排除非亲族；（8）核家族。① 近代家族的概念使学界重新思考家族的存在方式和家庭、国家、市场三者的关系，并从社会历史学的角度把被认为具有"普遍性"的家庭存在形式相对化，阐明当下的家族形态具有历史性、暂定性。

二是对性别角色分工的分析视角逐渐改变。20 世纪 70 年代性别分工研究中的常用词为"夫妇角色""家族角色"，80 年代中开始使用"性分工"，90 年代则为"性别角色分工"。家务研究的用词也从"家务分工"逐渐演变为"家务劳动"。80 年代后期，开始广泛展开男性气质、男性育儿与家务等反思男性性别角色的研究。② 从山根真理总结的概念运用的变化可以看出，在研究方向上，反本质主义、性别角色的社会构建性质从这一时期开始越来越被强调和重视。

三是更加深化捕捉家庭—社会关系的变化。"在分析家族内部的结构的同时，家族与外界的关系网络，与市场、国家之间的关系越来越受到学者的重视。"例如育儿援助网络、福利与社会性别、家族与企业、夫妻异姓、非婚生子女等诸多相关研究被广泛展开。③

四是对既存的研究视点的重新审视和多元研究视角的拓展。这在家族社会学的批判性研究中尤为突出。20 世纪 70 年代已经出现对以往"结构功能主义"研究模型的批判性研究，80 年代末到 90 年代初逐渐出现"以家庭中的性支配为背景，探讨权力与暴力"的相关研究。另外，家族研究的框架从家族全体转移到个人也是此时期研究的整体趋势之一。

在理论构建上，社会性别理论与家族社会学的结合，使家族社会学对以往的研究模型的反思与重建成为可能。山根真理把家族社会学研究的主流模型总结为功能主义角色分工模型与社会主义平等家族模型。功能主义角色分

---

① 关于第八点，因为日本学术界存对日本核家族是否普遍存在这一问题存在争议，原著当中用括弧表示存疑。

② 山根真理，1998，「家族社会学におけるジェンダー研究の展開―1970 年代以降のレビュー」，『家族社会学』10.

③ 山根真理，1998，「家族社会学におけるジェンダー研究の展開―1970 年代以降のレビュー」，『家族社会学』10.

工模型源于帕森斯的结构功能主义，此模型的特色是角色—功能之间的对应。"功能主义角色分工模型不仅在学术方面影响巨大，而且成为 20 世纪 70 年代日本经济高度成长期制定家族政策的理论依据。"[①] 此理论在政策上不仅巩固了"赚钱养家是男性的责任，主持家务负责育儿是女性职责"的正当性，更产生了把不符合角色分工的家庭和女性视为"异端"的社会问题。社会主义平等家族模型在对功能主义角色分工模型的性别角色分工的批判中应运而生，此模型把结构功能模型中视为问题的社会现象产生的原因归咎于"国家独占资本主义"。

从社会性别的视点可以观察到以上两种模型有几个理论前提："（1）不论是功能主义角色分工模型中的功能集团，还是社会主义平等家族模型中的社会共同体，都把家庭看作人类发展与生存中不可或缺的基础单位；（2）把家庭归为感情领域；（3）把家族当作一男一女养育子女的核家族单位。"所以，社会性别视角是对以上几个理论前所未有的挑战，也使得对既存的主流理论框架的反思成为可能。[②]

偏重研究女性而被称为"主妇社会学"的家族社会学，在引进社会性别研究后脱胎换骨，逐渐形成了 4 个研究视角。

一是借鉴大量欧洲历史社会学研究并进行本土化尝试的研究视角。借鉴历史社会学的建构主义视角，从日本社会变迁的文脉中重新审视"主妇角色、母职、性取向"的同时，把家族的集团性、情感性、核家族性质相对化，进一步明确了以上几个特质就是近代家族定义本身。[③]

二是女性主义"父权制"（patriarchy）概念的引入。女性主义中的父权制与以往社会学中的父权制（patriarchaism）的用法不同，上野千鹤子的《父权制与资本主义》（家父長制と資本主義）[④]、濑地山角的《东亚的

---

① 山根真理，1998，「家族社会学におけるジェンダー研究の展開—1970 年代以降のレビュー」，『家族社会学』10.

② 山根真理，1998，「家族社会学におけるジェンダー研究の展開—1970 年代以降のレビュー」，『家族社会学』10.

③ 山根真理，1998，「家族社会学におけるジェンダー研究の展開—1970 年代以降のレビュー」，『家族社会学』10.

④ 上野千鶴子，1990，『家父長制と資本制—マルクス主義フェミニズムの地平』，岩波書店.

父权制》（東アジアの家父長制）①等一系列论著，明确了女性主义中父权制的核心概念是"男性支配"。女性主义中父权制概念的运用，使对家庭中的权力的相关讨论不再受到社会体制和历史时期的限制，成为一个独立变量。②

三是"个人单位"的视角。反思以家庭为单位的分析视角，不再固执当时在学术界占主导地位的"核家族模型"和"家族是社会的基础单位"这一研究前提。与此同时，导入女性主义和当时美国家族社会学中的"个人化"概念，把家庭看作多种个人生活方式的选择之一。③

四是对"家族与企业"视角的反思。用社会性别视角反思日式企业社会，发现"家庭在企业社会中并不单纯是从属变量，而是与企业社会相互渗透"④。

通过以上4个研究视角，在社会性别的实证研究中展开了从"性别分工的凝视"到对"家庭含义的再考"的一系列考察。在性别角色分工的实证研究中，"性别角色分工的多元性"等概念登场，揭示性别角色分工的流动化并不是以单向直线形式进行；同时，对既往研究中惯用的"家务分工""角色"等概念的重新定位，也使以往被遗忘的"家务劳动"研究重新浮出水面。脱离"分工"概念选择用"绝对量"把握家务分担的多寡，同时从质性角度把握当事者对家务的意义赋予、家务本身的"可持续性"与"一时性"在性质上的差异。⑤

另外，在双职工家庭逐渐增多的背景下，基于功能主义模型下的就业导致女性家庭功能产生障碍的消极评价逐渐受到质疑。20世纪80年代到90年代间展开的一系列针对双职工家庭与非双职工家庭的育儿、生育意愿、夫妻关系等比较研究，也显示双职工的生活方式并没有对以上几点产生负面

---

① 瀬地山角，1996，『東アジアの家父長制—ジェンダーの比較社会学』，勁草書房.
② 山根真理，1998，「家族社会学におけるジェンダー研究の展開—1970年代以降のレビュー」，『家族社会学』10.
③ 山根真理，1998，「家族社会学におけるジェンダー研究の展開—1970年代以降のレビュー」，『家族社会学』10.
④ 山根真理，1998，「家族社会学におけるジェンダー研究の展開—1970年代以降のレビュー」，『家族社会学』10.
⑤ 山根真理，1998，「家族社会学におけるジェンダー研究の展開—1970年代以降のレビュー」，『家族社会学』10.

影响，至此从实证研究的角度证明了"双职工模式不会影响家庭功能"[1]。此外，母职、父职等实证研究在 80 年代之后诞生了很多新的概念，例如牧野的"育儿不安"[2]、落合惠美子的"育儿援助网"[3] 等。父职研究出现在 80 年代的日本并得到了一定发展。另有木户功[4] 等人通过借鉴常人方法论等建构主义的视角，重新开展关于家庭范围、意义的研究。

这一时期一系列的家族社会学与社会性别视角的交叉研究，在严谨的方法论支撑下的数据分析，提示了性别在日本家庭及个人的日常生活中的存在状态。20 世纪 70 年代到 90 年代，社会性别视角影响下的家族社会学研究逐渐摆脱"家庭"概念的禁锢，发现"个人"，重新审视家庭含义与家庭范围。这与上述历史时期日本女性意识的逐渐觉醒、女性在劳动市场中参与度的提高等社会环境的变化也息息相关。

在社会性别与女性主义视角之下，近代家族内包含的权力结构被逐步认识和揭露。与女性相关的种种不平等现象不是来自女性本身的"天然"属性，而是来自"近代家族中公私划分的肆意性，及其在近代家族系统中不可或缺的关键要件位置"[5] 的观点跃然而出。近代家族中女性在法律、经济上的权利来自丈夫（男性），这进一步巩固了社会系统对男性收入的保障和对女性工作"辅助"性质的定位。于是，在女性主义与近代家族论的交叉研究中，性别角色分工的存在也被重新审视。在近代家族规范中，家庭被看作女性的主要活动场所，这种认知导致市场将女性定位为家庭收入的次要贡献方，默认"即使是低收入也不影响生活，没有工作自然可以回归家庭"。在家庭和市场的双重系统中，女性的性别分工被同时巩固着，两者的相互作用也影响了女性的受教育机会，导致女性落入"从事家务劳动，所以不需要接受高等教育"，"没有接受高等教育不能获得就业机会"的恶性循环。[6]

---

[1] 山根真理，1998，「家族社会学におけるジェンダー研究の展開―1970 年代以降のレビュー」，『家族社会学』10.

[2] 牧野カツコ，1983，「働く母親と育児不安」，『家庭教育研究所紀要』4.

[3] 落合惠美子，1989，「育児援助と育児ネットワーク」，『家族研究』1.

[4] 木户功，2000，「家族社会学における『多様性』問題と構築主義」，『家族社会学研究』12（1）.

[5] 千田有紀，2010，「フェミニズム論と家族研究」，『家族社会学研究』22（2）.

[6] 千田有紀，2010，「フェミニズム論と家族研究」，『家族社会学研究』22（2）.

通过社会性别的视角，我们看到贯穿家庭、市场、教育、国家体系中的性别角色分工意识的存在。这也提醒我们，一直以来被认为是来自"传统""儒教"的"贤妻良母"的本质，应该从近代的女性观角度对其重新审视——"贤妻良母"与其说是来自古代的"传统"，不如说是"近代"的女性观。[1]

二、"下流社会"背景下的女性就业研究

20 世纪 90 年代之后日本经历了经济退潮期，经济衰退和工资减少让男性公司职员、女性家庭主妇的"近代家族"模式难以为继，日式经营的破产使得"顶梁柱"男性的工资难以维持家庭开支。不仅仅是女性自身，男性也开始期待女性外出工作补贴家用。这些行为都动摇着作为社会规范的"近代家族"。如果说存在于"一亿总中流"[2]社会背景下的"近代家族规范"是"中流意识"普遍化的结果，三浦展[3]在 2005 年发表的《下流社会》（下流社会）在日本社会引起的巨大反响，也从侧面证明了"中流意识"不但难以为继，且逐渐丧失了其意识形态的中心地位。

同时，面对长期的通货紧缩引起的经济萎靡、人口减少、老龄少子化等问题，日本政府为了确保劳动力颁布了有关女性就业的一系列法律法规，例如 1985 年颁布了《雇佣机会均等法》（雇用機会均等法）、《劳动者派遣事业法》（労働者派遣事業法），1993 年颁布了《兼职劳动法》（パートタイム労働法），2000 年颁布了《企划业务型裁量劳动制》（企画業務型裁量労働制）等，女性的就业率随之逐步提高。但另一方面，女性的就业职位集中在小时工、非正式员工，这进一步加深了男高女低的收入差距。比较 60 后、70 后女性正式员工与非正式员工的研究发现，年轻一代女性的正式员工比率并没有明显提高，婚育后的女性的继续就业率同样没有很大改观。表面上

---

① 小山静子，1991，『良妻賢母という規範』，勁草書房.
② 1970 年代日本社会中大部分人认为自己处于中流阶层，此时日本总人口大约一亿，所以普遍被称为"一亿总中流"。
③ 三浦展，2005，『下流社会新たな階層集団の出現』，光文社.

看，第一个孩子出生时正式员工的女性中有八成以上在生育后一年也持续正式员工的工作，但是女性中能够在生育时继续正式员工工作的只占全体人数的两成左右。[①]

近期，日本女性就业率的"马鞍型"特点虽然整体而言有所改观，但研究人员指出这种现象不足以证明劳动市场上女性比率的提高，女性就业"马鞍型"凹点的回升很大程度上是社会整体婚育意愿下降所致。

（一）宏观/中观视角下的日本女性就业影响要素

宏观视角有"全球化理论"以及"福利国家类型论"[②]，这两个视角分别提示国际经济、政治、科技交流方式的变化，以及国家福利结构政策会影响女性就业。从经济上看，日本经济虽然在 2002 年有所恢复，但是经历 2008 年的次贷危机之后又进入了一个缓慢的恢复期。在福利政策上，日本有其独特的"日本型福利"，即在税收制度上设置抚养父母妻儿的税收减免政策，一般称为"税抚养"。在社会保险中的养老金和健康保险方面，收入在 130 万日元以下可加入配偶公司的健康保险，并成为不用付保险费"国民养老金第三号"的受保人。这是一种以男性在外工作、女性在家全职负责照料家务构建的福利模型。[③]

中观视角主要是在"双重劳动市场理论""日式劳动市场结构理论""马克思主义女性主义理论"基础上进行的研究。[④]

"双重劳动市场理论"提示，劳动市场中既有稳定且有升职前景的第一市场，还有薪水低、缺乏稳定性的第二市场，而女性不论资质高低都容易流入第二市场。"日式劳动市场结构理论"提示，日本劳动市场的制度结构影响女性的就业行为，例如日本的年功序列和终身雇佣制的职业系统，往往使在生育期不能工作的女性处于被动地位。"马克思主义女性主义理论"提示，在资本主义制度与父权制的双重作用下，女性被固定在照料劳动的角色中。

---

① 西村純子，2014，『子育てと仕事の社会学—女性の働きかたは変わったか』，弘文堂.
② 西村純子，2014，『子育てと仕事の社会学—女性の働きかたは変わったか』，弘文堂.
③ 西村純子，2014，『子育てと仕事の社会学—女性の働きかたは変わったか』，弘文堂.
④ 西村純子，2014，『子育てと仕事の社会学—女性の働きかたは変わったか』，弘文堂.

具体来看，日本的劳动市场整体呈现非正式员工增加、正式员工录用减少的趋势。另外，日本对福利政策的改进也多见功效，例如 1985 年的《男女雇佣机会均等法》（男女雇用機会均等法）明确规定了女性在升职、录用、职务配属上与男性有同样的权利，并明文禁止在年龄和雇用上利用性别歧视女性。此外，不分性别都可以享受的《育儿休假法》（育児休業法）、《护理保险制度》（介護保険制度）、《儿童福利法》（児童福祉法）的修订，以及前面提到的《男女共同参画社会基本法》[①] 的出台，都影响着女性的就业行为。

（二）微观视角下的女性就业研究

微观视角下对日本女性就业的研究方向繁多，涉及"社会资源""配偶收入""女性的受教育程度""性别分工意识"等。这些视角的运用可以是单独深入，也可以通过多重运用以便观察交叉效果。

社会资源视角的研究显示，在家庭成员比较多的扩大家庭（拡大家族）中，女性能够受到更多的育儿援助而有助于其继续就业[②]；援助网络越大，女性就越容易继续职业生涯。[③] 但是另外有研究显示，在职女性对父母、亲戚以及周围朋友等社会资源的运用并不积极，且很有可能只是在应急时使用。[④] 另外也有研究指出女性与生母居住较近时，生母的育儿援助对就业有正向作用。[⑤]

配偶收入视角探讨女性就业的研究往往援引道格拉斯－有泽法则（英：Douglas-Arisawa's law；日：ダグラスと有沢の法則），"配偶收入越高，妻

① 西村純子，2014，『子育てと仕事の社会学—女性の働きかたは変わったか』，弘文堂.
② 永瀬伸子，1994，「既婚女子の雇用就業形態の選択に関する実証分析：パートと正社員」，『日本労働研究雑誌』36（12）.
③ 松井真一，2011，「既婚女性の就業とサポートネットワーク—多項ロジットモデルによる就業形態とネットワークの比較分析—」，田中重人・永井暁子編，『第3回家族についての全国調査（NFRJ08）第2次報告書1「家族と仕事」』.
④ 田媛，2019，「子育て女性の就業について—社会資源の利用とジェンダー意識からの考察—」，第39回家族関係学セミナー報告資料.
⑤ 鄭楊，2006，「乳幼児をもつ既婚女性の就業」，澤口恵一，神原文子編『第2回家族についての全国調査（NFRJ03）第2次報告書No.2：親子、きょうだい、サポートネットワーク』，日本家族社会学会全国家族調査委員会.

子的就业率就越低”的规律在日本得到验证的同时，也成为高学历女性就业中断的解释之一。[①] 但是近几年的研究指出，配偶的收入对女性就业的影响在逐步减弱[②]，出现了夫妻双双高收入与丈夫收入越高而妻子越容易中断就业并存的现象。[③] 而且上述规律的影响力会因地域差异[④]、女性的教育程度的不同[⑤] 发生变化。

女性的受教育程度视角的探讨常以人力资本说为基础展开。根据人力资本说的假设，女性受教育程度越高，持续参与劳动市场的概率就越大。但是这个假设在日本的研究数据中没有得以验证，日本的高学历女性不一定持续参与劳动市场。[⑥] 更有研究指出，高学历的女性更容易受配偶收入的影响，配偶收入越高，其持续就业率就越低，低学历女性的就业反而不容易受配偶收入的影响。[⑦]

性别分工意识视角下的女性就业研究从批判“男性工作、女性顾家”的性别分工的角度展开，并讨论其影响。固定的性别分工理念会影响女性的人生规划，使女性的人生规划偏于“扁平化”[⑧]。性别分工意识的影响不仅在就业方面，还贯穿了升学、生育等人生各个时期。另外有研究发现，性别分工意识与地域差异产生交叉效果，在大城市（大阪、神奈川等地）的女性容易受性别分工意识影响而成为家庭主妇；地方城市（富山、福井等地）的女性受当地就业风俗的影响，其育儿期的持续就业率较高；混合型城市（长野等地）女性会在育儿期暂时中断就业，在育儿期结束后回到职场。[⑨]

---

① 脇坂明・富田安信編，2001，『大卒女性の働き方―女性が仕事を続けるとき、やめるとき』，日本労働研究機構.

② 鈴木春子，2001，「結婚・出産・育児期の女性の就業とその規定要因」，『統計』52（11）.

③ 小原美紀，2001，「専業主婦は裕福な家庭の象徴か―妻の就業と所得不平等に税制が与える影響―」，『日本労働研究雑誌』493.

④ 大嶋寧子，2010，「女性の低就業と就労促進に向けた課題」，『季刊個人金融』5（3）.

⑤ 眞鍋倫子，2004，「女性の就労行動の学歴差―夫の収入と妻の就労」，『東京学芸大学紀要第1部門』55.

⑥ 杉野勇，米村千代，1998，「専業主婦層の形成と変容」，原純輔編『日本の階層システム1 近代化と社会階層』，東京大学出版会.

⑦ 平尾桂子，2005，「女性の学歴と再就職」，『家族社会学研究』17（1）.

⑧ 奥津眞里，2009，「生涯の時間軸で考える結婚・育児期の就業中断と再就職―何故やめて、また働くのか、その意義は」，Business Labor Trend（9）.

⑨ 前田尚子，2008，「岐阜県女性の就労パターン（第一報）」，『阜聖徳学園大学短期大学部紀要』40.

更有研究指出性别分工意识不仅仅只有"男性工作、女性顾家"一个次元，其本身具有多元性。[1]对性别分工意识进一步划分，可以细分为狭义概念和广义概念。在这个视角下，即使否定狭义概念中的"男性工作、女性顾家"的性别分工意识，但在性别分工意识的另外次元中蕴含的"疼爱"意义的驱动下，女性还是会继续承担大部分家务和育儿的责任。[2]大和礼子把性别分工意识的这个次元称为"疼爱规范"。此外，西村纯子发现在狭义的性别分工意识次元和疼爱规范次元之外，还存在优良育儿规范次元，对狭义的性别分工持否定意见且具有高学历的女性，在优良育儿规范次元下也会主动承担育儿责任[3]，并且对男性的育儿参与抱有接纳态度。由此可见，广义的性别分工意识中不但包含狭义的"男性工作、女性顾家"的分工意识次元，还包含疼爱规范和优良育儿规范两个次元。

通过梳理日本的家族社会学以及基于家族社会学的女性劳动研究的发展过程，可看到日本近代社会本身的变化和编织在其中的社会性别意识的变化。研究者关心的问题也从体系的维持，逐渐转向为对既存体系本身的质问和凝视。因此，社会性别理论在日本的发展和传播，给社会和学术界带来的成果颇丰。

今后，面对个人化与流动化、全球化与反全球化并存背景下错综复杂的社会问题，相信社会性别理论视角下的家族社会学以及人类学、家政学、社会学等邻接学科的交叉研究，将会带给我们更多的启示。

---

① 大和礼子，1995，「性別役割分業意識の二つの次元」，『ソシオロジ』40（1）.
② 大和礼子，1995，「性別役割分業意識の二つの次元」，『ソシオロジ』40（1）.
③ 西村純子，2001，「性別分業意識の多元性とその規定要因」，『年報社会学論集』14。

学校、学区与教育

学校加剧儿童社交与行为技能差距吗？ [*]

道格拉斯·B.唐尼（Douglas B. Downey）等　著

刘筱玥　张百熙^{**}　译

一、研究背景

在具有里程碑意义的科尔曼（Coleman）等人的《教育机会均等》（*Equality of Educational Opportunity*，1966）报告发表五十多年后，对于学校如何塑造不平等这一话题，学界仍然难以达成共识。《科尔曼报告》得出的令人惊讶的结论是，学校似乎对数学和阅读技能方面的成绩差距影响不大，这一立场促使教育学者做出了积极回应。他们认为，不同种族和社会经济地位（SES）之间的学校质量差距是非常大的。近来，部分学者通过进行季节性对比（seasonal comparison）来观察数学和阅读测试的分数差距如何因在校或离校而改变，进而主导了这一讨论方向。这些研究大多数都证实了科尔曼最初的结论，即学校在塑造学业成就差距中起到的作用并不大。

然而，这些对学校更加正面的形象刻画存在一个弱点，即这些季节性研究最初就被限定在对学校如何影响儿童的数学和阅读技能领域。尽管促进儿童认知技能的发展是学校的一个重要功能，学校还可能在认知技能以外的其他领域对儿童产生影响。因此，仅根据现有的季节性证据就收回对学校的批判性观点还为时过早。对学校更有利的观点能否扩展到儿童的

---

* Douglas B. Downey, Joseph Workman & Paul von Hippel 2019. "Socioeconomic, Ethnic, Racial, and Gender Gaps in Children's Social/Behavioral Skills: Do They Grow Faster in School or out ？", *Sociological Science* 6.

** 刘筱玥，中国人民大学社会学系，硕士研究生；张百熙，牛津大学社会学系，社会学硕士研究生。

社交与行为技能上？我们将其操作化为课堂上良好的纪律，包括集中注意力、听从指挥、努力完成作业、与其他学生友好相处、不捣乱、表现出自控力等。我们特别关注儿童的社交与行为技能出于以下三个方面的原因：（1）尽管社交与行为技能和认知技能有关，但仍然是有区别的；（2）社交与行为技能对人生的成功非常重要，甚至有观点认为它们比认知技能更重要；（3）现有对社交与行为技能的季节性观察报告可供参考。

我们观察了儿童开始上学时社交与行为技能差距的大小，以及在校期间、暑假离校期间这种差距如何改变。这一季节性比较研究的方法具有如下几个优点：首先，可以识别出刚刚进入幼儿园的儿童就已经拥有较大的社交和行为技能差距，因而更不容易将幼儿期形成的差距错误归因于学校因素；其次，规避了分辨和测量所有学校机制这一艰巨的方法论挑战。我们应用季节性比较研究的方法，对幼儿园、一年级、二年级（共包括三学年和两个夏天）的全国有代表性的数据进行社交与行为技能的研究。

二、研究回顾

（一）学校加剧了社交与行为技能方面的不平等？

已被证明的是，低社会经济地位的儿童、黑人儿童、男童与相对的另一部分群体相比表现出更差的社交与行为技能，但是学校在其中所扮演的角色尚未被获知。一个解释是，弱势儿童可能被迫接受更差的老师的教导。在提升儿童的数学和阅读技能方面，教师的能力参差不齐，在提升社交与行为技能方面，能力的差距会更大。詹尼斯和迪普雷特（Jennings & DiPrete）分析了美国儿童早期纵向研究项目 1998—1999 年数据（Early Childhood Longitudinal Study Kindergaren Class of 1998—1999，ECLS-K）中的幼儿园儿童，推断出，如果一个学生享有高于平均水平的（相比低于平均水平的）幼儿园教师，他们在数学方面会提升 0.042 个标准差，在阅读方面会提升 0.141 个标准差。相比之下，儿童如果被高于而非低于平均水平的教师教导，其社交和行为技能会提升 0.185 个标准差。如果弱势儿童被更不善于培养社交与行为技能的老师教导，我们可以预期的是，在学校期间这些技能方面的差距会加大。

尽管教师或许是决定性因素，但同龄人同样可能塑造社交与行为技能的差距。如果黑人学生、低社会经济地位的学生和属于弱势群体的同龄人一起上学，他们自身可能也会表现出低水平的社交与行为技能。这些同龄人可能会妨碍教学、需要老师的额外关注，并且会破坏发展环境。一种历史悠久的看法是，同龄人在塑造儿童的学校经历中起着重要作用，进而影响其学业表现。例如，霍比斯（Hoxby）发现，被在学术技能评估中得分比自己高1个标准差的同龄人围绕着，会使学生自己的得分提高0.15—0.40个标准差。因此，将与占优势的同龄人相处带来的益处（或者说，与弱势同龄人相处带来的代价）扩展到社交与行为技能方面似乎是可能的。

此外，在校期间的严格管理可能给某些学生群体带来过高的挑战，特别是那些在幼儿园时就缺乏良好课堂纪律的学生。对已经在这些技能上处于落后地位的儿童，学校的环境可能会较大程度地突出在良好课堂纪律方面已经存在的不平等。并且，随着学习生活的继续，教师对儿童安静坐好、集中注意力以及专注于学习的期望很可能会提升，这也会带来不同社会群体社交与行为技能方面差距的加大。

（二）学校减少了社交与行为技能方面的不平等？

尽管有一些重要的理由让我们相信学校可能会加大社交与行为技能方面的差距，但我们仍然观察到学校减小差距的可能性。一种可能的途径是，学校提供了对儿童的社交与行为技能发展更加平等的环境（与非学校环境相比）。从这个角度来看，学校可能会提供一个中立的环境，甚至会偏袒有特权的儿童。但是，不管优势儿童在学校享有何种优等的环境，都不会比他们在家所享受的更好。这样一来，不平等的学校仍然可以成为一种平衡的力量，仅仅是因为它们比非学校环境更加公平。

教师将提升弱势儿童的社交与行为技能作为目标是有可能的。低社会经济地位的儿童和黑人儿童进入幼儿园时社交与行为技能更弱，因而教师可能会更加关注这类挣扎于适应"学生角色"的儿童。部分证据证明，教师会更加关注认知技能较差的学生。例如，一项对教师的全国性调查发现，当被问到哪些学生最可能受到他们一对一的关注时，80%的老师表示是"在学业上表现挣扎的学生"，只有5%的老师的回答是"学业表现优秀的学生"。或许老师们同样会更多地注意社交与行为技能较差的学生，并且学校的课程也有可能将改善落后儿童的行为作为目标。如果这样，学校能够成为减小社交与行为技能差距的一股力量。

出于两个原因，用传统的方法论分辨这两种观点——学校减小还是加剧社交与行为技能的差距——是相当困难的。首先，大多数研究社交与行为技能的学者未能在幼儿园入学或小学一年级时测量差距的大小。学者们在研究认知技能时认识到，社会经济地位、种族与性别这些在入学前就大体形成的因素可能对技能差距产生重大的影响。与之相似，如果社交与行为技能的差距也是在幼儿期就形成的，这些学术研究可能因为忽略了这一模式而对学校的作用提出了失真的观点。其次，由于很难确定和完美地测量所有相关的非学校因素，传统的方法依赖对儿童非学校环境指标的统计控制来评估学校的重要性是有问题的。我们把这一方法作为"协变量调整"，必须注意到，它容易高估学校的作用，低估非学校环境的重要性。瓦尔贝格（Walberg）提醒我们，美国18岁的青少年平均每天在学校的时间只占他们醒着的时间的13%。因此，在试图单独考虑学校的影响时，非学校环境成为一个相当强大的混杂因素。

（三）社交与行为技能的一种季节性比较方法

上述挑战促使我们通过"暴露性框架"和"季节性比较"的研究设计来解决这一问题。分析的方法很简单，我们问道："儿童技能的差距是否在他们在校时比不在校时增大得更多？"我们发挥了美国校历的季节性——9个月的学期后是3个月的暑假——杠杆作用。这为我们了解学校如何发挥作用提供了一个自然实验。先前的学者已经使用这一研究设计来比较在校时期和离校时期学生在数学、阅读、体质等方面差距的改变。

关于学校对不平等的影响，这种季节性比较的研究设计已经展示出了一种大体上令人满意的情况。例如，许多学者已经找到证据证明，无论在校还是不在校期间，阅读技能的社会经济差距拉大的情况是相似的，有时不在校期间甚至差距拉得更快。这种范例促使了亚历山大（Alexander）断定，对于不平等问题，"学校更大程度上是'解决方法的一部分'而非'问题的一部分'"，同时唐尼（Downey）等人得出了学校确实是"重要的平衡器"这一结论。

在认知技能方面，季节性比较研究的范例也是振奋人心的。但是部分学者指出，学校可能补偿了认知技能的差距，却在其他方面加剧了不平等。因此，为了全面了解学校在不平等方面的影响，将季节性研究的方法扩展到认知技能以外是必要的。认知技能和社交与行为技能是相互建构、相互增强的。例如，能够自我约束、易于集中注意力的儿童可能学习到更多的阅读和数学技能。同时，学习到更多阅读和数学技能的儿童也更有可能自我约束、集中注意力。因此，我们希望观察到学校用相似的方式塑造认知技能、社交与行为技能。但是我们也注意到，存在着学校通过独特的方式影响这些不同技能的可能性。

（四）社交与行为技能：儿童之间在幼儿园入学时存在的差距在五年级时如何变化

迪普雷特和詹尼斯对全国有代表性的 ECLS-K 数据进行了分析，提供了一些关于幼儿园入学时社交与行为技能差距大小的最好的证据。他们创造了一种社交技能与行为技能的结合体，并以此估计社会经济地位、种族和性别方面的差距。这种复合的测量包括：教师对儿童的学习方法（专注程度、任务坚持性、对学习的热情、自主学习能力、灵活性与条理性），自控力（控制自己的行为以尊重他人财产权、控制脾气、在小组活动中接受同龄人的意见与正确应对同辈压力的能力），人际交往技能（形成并维持友谊、与不同的人友好相处、安慰或帮助其他儿童、用积极的方式表达想法与态度、体恤他人感受的技能）的评估。

迪普雷特和詹尼斯发现，五年级学生社交与行为技能上的绝大部分差距早在进入幼儿园时就已经形成。例如，作者提到了五年级时86%的贫困—非贫困差距在进入幼儿园时就已经形成。与之相似的是，在五年级时白人学生已经远远超过黑人学生，这种差距的 87% 在幼儿园入学时就已经存在。最后，在五年级时，女孩比男孩具有更好的社交与行为技能，但是这种性别差距的 79% 在幼儿园入学时就已经存在。尽管由于对社交与行为技能的测量并非定距测量，这些百分比并不应该被视作最权威的。然而我们仍然可以认为，大多数引起社交与行为技能中不平等的"行动"发生在幼儿时期，那时学校还没有机会发挥作用。

这些关于学校作用的研究意味着什么呢？尽管社交与行为技能的差距从幼儿园到五年级只发生了少量的增大，但增大确实存在。这也表明，学校可能在差距的增大中发挥了作用，但仅仅基于这一证据，我们很难完全确定这一推论。例如，在幼儿园入学时，黑人与白人之间的差距早已被许多家庭和社区因素塑造形成，并很有可能在接下来的六年中持续产生影响。因此，即使我们假设学校扮演一个中立的角色，在五年级时，黑人与白人间的差距将比幼儿园时的差距更大也是可以预期的。事实上，从幼儿园到五年级期间，黑人与白人之间差距的增大甚至也可能与学校无关。

这些议题引领着我们去论证本文主要研究的问题：社交与行为技能的差距在学校内外哪里增大得更快？

三、研究方法

（一）样本

我们分析了 ECLS-K（2010—2011 年）的数据。这是一个全国性、有代表性的概率抽样样本，由一群从 2010 年秋季（幼儿园）到 2016 年春季（五年级）被跟踪调查的儿童组成。ECLS-K 样本使用了多阶段整群抽样：首先抽取出初级抽样单位（PSUs），每个初级抽样单位由一个大县或一组相似且相邻的小县组成。在每个初级抽样单位中抽取学校，再在每所学校中抽取学生。18% 的儿童在至少一个协变量中存在缺失值：10% 的儿童缺失年龄数据，5% 的儿童缺失社会经济地位数据，2% 的儿童两者均缺少，此外，有少于 1% 的儿童缺失种族和 / 或民族与性别数据。在将缺少协变量以及在任意一轮抽取中缺少社交/行为技能测量的儿童去除后，我们的样本包含了从 836 所学校中抽取的 14 029 名学生。对于过度抽样和无反应，我们使用抽样权重来补偿。

我们特别关注研究的前 3 年，在这段时间儿童每年会接受两次社交与行为技能的测量：在幼儿园、一年级和二年级的秋季与春季。这使得我们可以分别估计社交与行为技能在前三个学年中的每一年和前两个暑期中的每一个暑期的提高。一年级和二年级秋季的测量被限定在一个包含 1/3 学生的一次抽样单位的子样本中。由于子样本由随机抽样产生，因此虽然降低了影响力，却没有带来偏差。我们将所有进行过任何测量的儿童都纳入分析的因变量中，因为我们的随机效应纵向模型采用了完全信息极大似然法对因变量的所有观测建立模型，从而不需要所有儿童在任何时候都被观测。

（二）因变量

教师从 ECLS-K 所定义的 5 个方面来评估儿童的社交与行为技能。每个维度的量表由 4—6 个问题组成。每个问题的回答包括从"从不（1）"到"非常频繁（4）"4 个选项。在部分分析中，这些总和按轮次被标准化。各部分及其构成如下。

（1）学习方法。考察学生能否（a）把自己的东西收拾得有条理，（b）展现对学习新事物的热情，（c）独立学习，（d）容易接受日常生活的改变，（e）坚持完成学习任务，（f）集中注意力，以及（g）遵守课堂纪律。根据各部分的内部稳定性（克隆巴赫系数），学习方法测量的平均信度为 0.91，在不同轮次中有细微差异。

（2）自控力。考察学生能否（a）控制自己的行为以尊重他人财产权，（b）控制脾气，（c）在小组活动中接受同龄人的意见，（d）正确应对同辈压力。自控力测量的平均信度为 0.81。

（3）人际交往技能。评估学生能否（a）形成并维持友谊，（b）与不同的人友好相处，（c）安慰或帮助其他儿童，（d）用积极的方式表达想法与态度，（e）体恤他人的感受。人际交往技能测量的平均信度为 0.86。

（4）内隐性问题。考察学生（a）因学习上遇到困难而生气，（b）为考试而担忧，（c）感到孤独，或（d）担心在学校能否表现出色的频率。内隐性问题测量的平均信度为 0.79。

（5）外显性问题。考察学生（a）争吵，（b）打斗，（c）生气，（d）做出冲动行为，或（e）扰乱正在进行的活动的频率。这一测量的平均信度为 0.88。

所有对社交与行为技能的测量都经过赋值，得分高代表更令人满意的行为。为满足这一条件，我们将内隐性问题和外显性问题的赋值倒置。尽管在某些轮次中可以实现对社交与行为技能的额外测量（例如学生—教师关系的测量），但这些测量仅仅在幼儿园和一年级的春季进行。因此我们不会将其纳入分析。

不同教师有不同评判标准，这种主观性为评估儿童随时间推移的成长带来了很大挑战。尤其是在夏季的成长，因为在暑假前后，是由不同的老师对儿童做出评价。有些老师会比其他老师更加宽容。由于社交与行为技能方面的文献普遍依赖老师与家长的反馈，而这些反馈很难做到公平公正，这一问题在此领域中普遍存在，难以摆脱。

在教师的主观评价方面，有两个问题值得注意。第一个问题是，尽管教师的评估可能只会简单地反映主流文化群体的价值观，但不同学校间社交与行为技能的方差比很小（大约 8%）。迪普雷特和詹尼斯提到的一种方法是："强烈建议教师在评价学生的社交与行为技能时，将他们与校内相似的同龄人进行比较（例如教师之前教过的学生），而不是与全国范围内大量的学生比较。"其次，对少数族裔学生的评价究竟是代表着教师的偏见，还是体现了真实的行为差异。例如，大量的黑人与西班牙裔学生被划分到学习有障碍及特殊教育一类。这提示我们教师可能会不公平地评价少数族裔学生。但是，霍斯特曼、杜波和吉坦德拉（Hosterman, DuPaul & Jitendra）将教师的评价（用作参照）和一个独立观察者在教室内的观察做了比较。他们推断，教师对少数族裔学生的评价精确地反映了儿童的举止。

尽管无法从测量中完全消除主观性，但可以通过使用教师固定效应来估计模型。教师固定效应能够控制在不同教师的测量中恒定的或平均的差异，但是它无法控制单个教师在应用测量标准时对不同学生的差异。例如，如果教师 A 比教师 B 更加宽容，并且与教师 B 相比给所有学生打了更高的分数，教师固定效应就会因此进行调整。但是，如果教师 A 只对白人学生打分更加宽容，而教师 B 对所有族裔的学生都平等且非常严格，这一差异将不会被教师固定效应——或任何其他方法——修正。

第二个问题是，社交与行为技能的测量可能并不是定距测量。在量表顶端和底部，同样一分的差异可能意义并不相同，也无法比较。在对差距增大的研究中，比较处于量表不同位置的学生是必不可少的。在此我们要重复一遍，这一问题并不是我们的研究特有的，而是在社交与行为技能差距研究的文献中普遍存在的。尽管我们无法使测量必定具有定距的性质，但我们在每轮调查中（幼儿园秋季、幼儿园春季等）使用均值和标准差计算标准分，并以此检验我们得出的结论的稳定性。尽管标准分同样无法保证具有定距的性质，但通过比较标准化前后的结果，我们能够评估在哪些角度上测量的结果对一次简单的变换敏感。

我们的量表必然不会是完美的，但我们使用五种不同的量表进行研究仍然是有帮助的。除非每种量表均恰好受同一问题影响（似乎不太可能），如果在不同的量表中观察到相似的结果，那么研究结论的置信度将得以提升。

（三）自变量

在幼儿园入学时，家长会报告儿童的种族和/或民族、性别与年龄。此外，ECLS-K（2011）样本还包含了对家庭社会经济地位的测量。这一测量将家长报告的受教育年数、家庭收入和职业的标准化测量相加，并转化为职业声望得分。在分析中，我们报告了社会经济地位最高和最低的五分位数的对比。由于现有的季节性对比研究已经找到了证据，证明学校会加剧数学和阅读中黑人和白人的差距，我们将特别关注这一差距。

（四）分析策略

数据允许我们将在校期间（幼儿园、一年级和二年级）和离校期间（幼儿园和一年级后的暑假）差距的变化进行比较。这一分析方法需要假设我们能够对学校影响进行无偏因果估计。首先，我们假设在处理和非处理阶段间没有任何溢出，也就是说，在校期间所发生的事情不会影响社交与行为技能差距在暑期的增大。但是，如果儿童在学校的经历过于痛苦，以至于同时影响了社交与行为技能在年底的评估和在暑期的发展，诸如此类的情况则不符合上述假设。其次，我们必须假设除了学校以外没有其他因素影响社交与行为技能在季节间的差异。如果儿童的社交与行为技能差异被温度变化和不同的社会兴趣群体影响，诸如此类的情况就会导致我们产出有偏差的估计。举一个不太恰当的例子，想象一下在温暖的天气中，男孩比女孩更容易顺从，因此，男孩的行为在夏天有所改善，而在冬天会表现得更差。这一设想尽管不那么可信，但它的确会导致我们的估计出现偏差，使得学校对男孩的影响显现得比真实情况更差。

（五）模型

我们使用一个双层次的随机截距模型分析了社交与行为技能差距于学年期间和暑期的增大。对于学校 j 的儿童 i，不同的社交与行为技能 γ_{ijt} 在六个不同的时刻被测量。这些时刻邻近幼儿园、一年级和二年级的开始与结束。在每个时刻，儿童都已经度过了幼儿园（$G0_{ijt}$）、一年级（$G1_{ijt}$）和二年级（$G2_{ijt}$）的确定的数个月在校时间，以及幼儿园（$S0_{ijt}$）、一年级（$S1_{ijt}$）之后的确定的数个月暑期时间。在每个测量的时刻，儿童根据他们所经历的在校和暑期时间长度显现出了差异。平均来说，儿童在 8 月 25 日开始上幼儿园，并且在 10 月 10 日接受首次测量，因此在首次测量的时间点，他们大约度过了 $G0_{ijt}$=1.5 个月的暑期时间。在等级 1 中，模型如下：

$$\gamma_{ijt}=a_0+a_{1ij}G0_{ijt}+a_{2ij}S0_{ijt}+a_{3ij}G1_{ijt}+a_{4ij}S1_{ijt}+a_{5ij}G2_{ijt}+u_i+r_j+e_{ijt} \tag{1}$$

在这之中，a_0 是在幼儿园的第一天中 γ 的平均水平。u_i 和 r_j 是儿童和学校层次上的随机效应，代表偏离平均值的程度。a_{1ij} 到 a_{5ij} 是在每个在校期间和暑期儿童特定的增长率，a_{1ij} 是在幼儿园的每个月中 γ 的增长，a_{2ij} 是在幼儿园后暑期的每个月中 γ 的增长，以此类推。最后一项 e_{ijt} 是残差，模型中的一个包含每个老师的固定效应的变体。

在等级 2 与等级 3 中，我们令增长参数 $a_{ij}=[a_{0ij}\cdots a_{5ij}]$ 依据儿童的个性而改变。令 X_{1ij}，X_{2ij}……成为表明儿童的种族、民族、性别与社会经济地位的五分数的一系列哑变量。[1]

四、结果

（一）描述性分析

在进入幼儿园时，儿童在社交和行为技能方面就已经有了很大的差距。例如，社会经济地位五分位数中最高和最低的儿童学习方法的标准化差距为 0.49 个标准差，白人和黑人的标准化差距为 0.27 个标准差，男女标准化差距为 0.42 个标准差。这些差距与其他学者之前的研究结果类似。在 2011 年的队列研究中，我们发现，二年级结束时，儿童在幼儿园入学时的差距增大了约 1/5。这与迪普雷特和詹尼斯在 1999 年的 ECLS-K 中观察到的结果一样。例如，在学习方法方面，标准化的社会经济地位不同的儿童差距增大到 0.62 个标准差（21%），黑人与白人的差距增大到 0.32 个标准差（16%），男女差距增大到 0.51 个标准差（18%）。80%—85% 由社会经济地位、种族和性别导致的社交与行为技能方面的差距在幼儿园入学时就已经存在了。

（二）与假期相比，在校时这种差距是否会增大得更快？

上述描述性的结果证实了差距会在入学后增大，但是它并没有表明差距是在校期间还是离校期间（暑期）增大的。多级增长模型解决了这个问题。这一模型可以预测孩子们在有无教师固定效应下的学习方法的差异，表 1 展示了这一模型的结果。

---

① 限于篇幅，译文中略去了等级 2 和等级 3 的模型及解释，有意进一步了解的读者可参考原文。

表 1　幼儿园入学时学习方法的差距以及学校和非学校期间差距的增大［ECLS-K（2011）］

	无教师固定效应		有教师固定效应	
	未标准化（1）	标准化（2）	未标准化（3）	标准化（4）
幼儿园入学时				
女性 vs 男性	0.315† (0.013)	0.464† (0.018)	0.314 (0.011)	0.461† (0.015)
黑人 vs 白人	−0.090† (0.020)	−0.130† (0.029)	−0.169† (0.023)	−0.251† (0.034)
高 SES vs 低 SES	0.320† (0.022)	0.469† (0.021)	0.343† (0.021)	0.506† (0.031)
幼儿园期间				
女性 vs 男性	0.002 (0.002)	0.003 (0.003)	0.002 (0.002)	0.002 (0.002)
黑人 vs 白人	−0.007† (0.003)	−0.010† (0.004)	−0.006 (0.004)	−0.008 (0.005)
高 SES vs 低 SES	−0.008† (0.003)	−0.013† (0.004)	−0.004 (0.003)	−0.006 (0.005)
幼儿园后的暑假				
女性 vs 男性	−0.003 (0.008)	−0.004 (0.011)	−0.007 (0.008)	−0.009 (0.011)
黑人 vs 白人	0.014 (0.014)	0.026 (0.021)	0.026 (0.019)	0.035 (0.028)
高 SES vs 低 SES	0.012 (0.014)	0.024 (0.020)	−0.006 (0.016)	−0.007 (0.023)
一年级				
女性 vs 男性	0.002 (0.003)	0.002 (0.004)	0.005* (0.003)	0.006 (0.004)
黑人 vs 白人	−0.007 (0.005)	−0.012* (0.007)	−0.012* (0.007)	−0.017* (0.010)
高 SES vs 低 SES	0.010† (0.005)	0.012* (0.007)	0.011* (0.006)	0.014* (0.008)
一年级后的暑假				
女性 vs 男性	−0.01 (0.008)	−0.011 (0.012)	−0.003 (0.009)	−0.001 (0.013)
黑人 vs 白人	0.028* (0.015)	0.043* (0.022)	0.025 (0.022)	0.034 (0.032)
高 SES vs 低 SES	−0.002 (0.014)	0.005 (0.021)	−0.01 (0.018)	−0.01 (0.026)

续表

		无教师固定效应		有教师固定效应	
		未标准化（1）	标准化（2）	未标准化（3）	标准化（4）
二年级					
	女性 vs 男性	0.006†	0.007*	0.006*	0.006
		（0.003）	（0.004）	（0.003）	（0.004）
	黑人 vs 白人	−0.009*	−0.013*	−0.001	0.000
		（0.005）	（0.007）	（0.007）	（0.011）
	高 SES vs 低 SES	0.004	0.003	0.004	0.004
		（0.005）	（0.007）	（0.006）	（0.009）
观测值		55 070	55 070	55 070	55 070

注：括号内是标准差；*$p<0.10$，†$p<0.05$。

简单描述性统计中观察到的差距在这些多层次模型中也很明显。例如，在没有教师固定效应下的标准化模型中，女孩在幼儿园入学时比男孩高 0.464 个标准差，黑人孩子比相同社会经济地位的白人孩子低 0.130 个标准差，最高社会经济地位五分位数的孩子比同种族的最低社会经济地位五分位数的孩子高 0.469 个标准差。当有教师固定效应时，差距会更大。具体地说，如果我们加上教师固定效应，那么在同一个老师的学生中，女孩比男孩要领先 0.461 个标准差，黑人孩子比同样社会经济地位的白人孩子落后 0.251 个标准差，来自高社会经济地位家庭的孩子比其他孩子要领先 0.506 个标准差。我们所有的模型都包括了学校随机效应，它产生的差距估计是学校内部和学校之间差异的加权平均值，且并不一定与描述性统计中的简单平均差异相一致。尽管存在这些差异，所有的模型都表明儿童在幼儿园的开始阶段存在着显著的差距，尤其是在性别和社会经济地位方面。

在孩子开始上学后，这些差距是如何改变的呢？表 1 中的系数估计了未来三年差距的变化情况：幼儿园期间、第一个暑假期间、一年级期间、第二个暑假期间和二年级期间。统计上有显著性的系数非常少，而且它们在不同的模型和学年统计之间都没有一致的显著性。

例如，没有教师固定效应的两个模型显示，在幼儿园期间和二年级时，黑人儿童似乎在统计上输给白人儿童，但这些失利在有教师固定效应的模型中变得不显著。同样，在没有教师固定效应的模型中，高、低社会经济地位儿童之间的差距在幼儿园期间缩小，在一年级期间有所增大，在二年级期间没有变化，但当模型加入教师固定效应之后，这些社会经济地位系数大多变得不显著。最后，在没有教师固定效应的非标准化模型中，二年级女孩与男孩的比较具有统计学意义（系数 0.006），但在其他三个模型中，这种模式没有达到统计显著性。据此我们得出的主要结论是，学习方法之间差距的增大既没有集中于在校时，也没有集中在暑期。

对于差距是在暑期还是在校期间增大更快这一问题，为了得到更全面的答案，我们测试了学年系数（幼儿园期间、一年级和二年级）的平均值是否与两个暑期系数的平均值有显著差异。我们在表 2 中总结了在三种社会群体的比较下，在四种不同的模型中，全部五种社交与行为技能（不仅仅是学习方法）方面的差异。例如，在学习方法方面，第一个模型中的男女对比代表的是三个学年系数的平均值减去两个暑期的平均值。换句话说，它展现了男孩和女孩之间的差距是在校期间还是暑假期间更大。这种对比缺乏统计显著性，表明在校期间男女生之间的差距并不比离校时增大得快。

分析中的绝大多数对比没有达到统计学意义的显著。有一些迹象表明，在校和离校期间，差距以不同的速度增加，但这些结果在不同的因变量或模型建构中没有重复。例如，在无教师固定效应的学习方法比较中，黑人儿童在校期间似乎比白人儿童在学习方法上有所不足，但在有教师固定效应的模型中，这种差异并不具有统计学意义。同样，在校期间，在无教师固定效应的模型中，高社会经济地位的孩子在外显问题行为中优于低社会经济地位的儿童，而在有教师固定效应的模型中，则没有显著的统计学意义。最后，在有教师固定效应的模型中，女生在内在问题行为方面优于男生，但在无教师固定效应的模型中，则没有统计学意义。

在表 2 的 54 个对比中，只有 6 个在 $p<0.05$ 时具有统计学意义，7 个在 $p<0.10$ 时具有统计学意义。在所有 4 种模式中，我们都没有发现任何证据表明在校期间的学业差距比非在校期间增大得更快。在解释这几个显著系数之前，我们应该记住，标准 $p<0.05$（或 $p<0.10$）意味着，如果原假设是正确的，我们将期望 5%（或 10%）的估计值偶然达到统计显著性。也就是说，如果原假设成立，当 $p<0.10$ 时，60 个对比中有 6 个是正确的；当 $p<0.05$ 时，则只有 3 个是正确的。事实上，我们比原假设期待观察到了更多显著性的对比。如果我们

对多重测试应用 Bonferroni 校正，这些对比都不会达到统计显著性。我们的结论是，研究结果几乎没有提供任何理由来拒绝零假设，即社会技能与行为技能的差距于在校期间和暑期以相同的速度增大，直至差距增大到最大程度。

表2 三个学年与两个暑假估算值之间的计划对比

结果	对比	无教师固定效应		有教师固定效应	
		未标准化（1）	标准化（2）	未标准化（1）	标准化（2）
学习方法	女性 vs 男性	0.01 (0.008)	0.011 (0.011)	0.009 (0.008)	0.01 (0.011)
	黑人 vs 白人	$-0.029^{\dagger}$ (0.014)	$-0.046^{\dagger}$ (0.020)	-0.032 (0.019)	-0.043 (0.028)
	高SES vs 低SES	-0.003 (0.013)	-0.013 (0.019)	0.012 (0.016)	0.012 (0.023)
外显性问题	女性 vs 男性	0.005 (0.007)	-0.001 (0.011)	0.003 (0.007)	-0.003 (0.012)
	黑人 vs 白人	-0.008 (0.013)	-0.001 (0.020)	-0.013 (0.018)	-0.012 (0.028)
	高SES vs 低SES	$0.026^{\dagger}$ (0.012)	$0.039^{\dagger}$ (0.019)	0.008 (0.014)	0.01 (0.023)
内隐性问题	女性 vs 男性	0.003 (0.007)	0.007 (0.013)	$0.014^{\dagger}$ (0.007)	0.028 (0.013)
	黑人 vs 白人	-0.012 (0.012)	-0.035 (0.025)	-0.022 (0.017)	-0.046 (0.033)
	高SES vs 低SES	-0.005 (0.005)	-0.013 (0.024)	-0.006 (0.014)	-0.011 (0.027)
人际交往技能	女性 vs 男性	0.014^{*} (0.008)	0.012 (0.012)	$0.019^{\dagger}$ (0.008)	0.02 (0.012)
	黑人 vs 白人	-0.022 (0.015)	-0.034 (0.023)	-0.008 (0.020)	-0.004 (0.030)
	高SES vs 低SES	-0.011 (0.014)	-0.03 (0.022)	-0.021 (0.016)	-0.042 (0.025)
自控力	女性 vs 男性	-0.01 (0.008)	-0.022 (0.012)	0.002 (0.008)	-0.002 (0.012)
	黑人 vs 白人	-0.005 (0.014)	-0.002 (0.023)	0.016 (0.019)	0.034 (0.030)
	高SES vs 低SES	0.006 (0.014)	0.004 (0.022)	-0.007 (0.016)	-0.017 (0.025)

注：括号内是标准差；$*p<0.10$，$\dagger p<0.05$。

五、讨论

确定学校在分层系统中的角色是具有挑战性的，因为儿童的发展是学校和非学校环境共同作用的产物。我们通过采用季节性对比研究来观察孩子在校和不在校时差距是如何变化的，从而解决了这一挑战。我们的主要结论是，在接受正规学校教育的前三年，是否在校对社交与行为技能差距的扩大或缩小并没有较大影响，这些差距通常被认为是由社会经济地位、种族和民族或性别导致的。当孩子开始上学时，社会经济地位和性别差距很大，而种族差距较小（当社会经济地位得到控制），在前三个学年或前两个暑假期间，这些差距都没有多大改变。

值得注意的是，通过不同尺度和不同分析方法得到的结果是一致的，这表明我们的模式不仅仅具有测量这项研究的功能，也许还可以成为特定的量表。我们在儿童进入幼儿园时发现了很大的差距，这与过去研究一致的结论增强了我们的自信。如果学校教育加大了社交与行为技能的差距，我们的研究就能很好地发现这一点。虽然这是第一次将季节性对比方法应用于社交与行为技能的研究，但同样的方法也曾被用于阅读、数学技能和肥胖问题。每次比较都得出了学校对不平等的总体影响要么是中性的，要么是补偿性的结论，将我们的注意力更多地引向非学校环境，并将其视为不平等的主要根源。

我们的样本仅限于幼儿到小学二年级这一时期，因此，结论局限于正式教育早期阶段。学校可能在年龄较大的儿童的社交与行为技能差距增大中扮演着更重要的角色。例如，在初中和高中期间，它可能是跟踪机制，导致优势儿童和弱势儿童在学校内产生更大的区隔，从而不断加大他们社交与行为技能的差距。然而这只是一种猜测，也可以很容易地从相反方向进行逻辑演绎。例如，因为多个小学通常为同一所初中输送人才，多所初中也通常为同一所高中输送人才，如此便可增加弱势儿童与优势同龄人的交往机会，并且减少他们因学校变化而需作出的适应。此次季节性对比研究针对的是进入中学之前的儿童，因此，我们不能就初中和高中如何影响社交与行为技能差距作出强有力的断言。

尽管学校机制可能会加剧社交与行为技能方面的不平等，但我们的研究结果表明，学校机制会受到减少不平等的其他机制的抵制。这个季节性对比的研究设计可以解决一个显著的结构性问题：学校在分层系统中扮演什么角色。在社交与行为技能方面，这个角色似乎是中立的。

美国大都市区的学区收入隔离
与学业成就差距 *

安·欧文斯（Ann Owens） 著

张陈陈** 译

一、研究问题

近几十年来，高收入背景学生与低收入背景学生之间的教育不平等问题加剧。这种不平等体现在学业成绩、受教育程度和大学入学率的差距持续扩大，并可能导致未来发展（如就业、收入、居住、犯罪和健康等各方面）更大的不平等。收入—学业成就差距已经成为一个日益严重的问题，需要学界的更多关注。

一种可能的解释是学校环境的收入隔离。与收入—学业成就差距一样，选择公立学校的家庭其学区之间的收入差距在1990—2010年间增长了15%以上。随着学区间收入隔离的拉大，有助于学业成就的资源（如学校经费、教师质量、父母的社会资本和学生的同伴特征）也会分配不均。在隔离程度较高的地区，高收入背景的学生可以进入条件较好的学区，而低收入学生只能在弱势学区就读，通过提高优势学生的成绩或降低弱势学生的成绩，收入—学业成就差距形成并扩大。

收入方面的不平等现象加剧，种族之间业已存在的巨大教育成就差距也

---

* Ann Owens 2018. "Income Segregation Between School Districts and Inequality in Students' Achievement", *Sociology of Education* 91（1）. Copyright © 2018 by SAGE Publications, Inc. Reprinted by permission of SAGE Publications, Inc.

** 张陈陈，复旦大学社会学系，博士研究生。

064

保持稳定。学区收入隔离产生了富裕学区和贫困学区，平均而言，白人家庭比黑人家庭收入更高，更能负担得起富人区的生活。白人学生和黑人学生在学校和学区之间是高度隔离的，而且白人学生中的贫困生要少得多。即使是收入相同的家庭，由于种族化的住房政策和住房市场歧视，相较于白人家庭，黑人家庭也更可能生活在收入较低的地区。因此，收入隔离也影响并扩大了种族—学业成就差距。

本文关注的是，在学区收入隔离程度较高的美国大都市区（the metropolitan statistical area，MSA），收入—学业成就差距和种族—学业成就差距是否更大。结果表明情况确实如此：在高度隔离的大都市区，较高的家庭收入对学生成绩的帮助更大，黑人与白人学生之间的成绩差距也更大。学区收入隔离确实成为学业成就差距的一种可能解释。

二、现实背景

自科尔曼（Coleman）等人的《教育机会均等》（*Equality of Educational Opportunity*）报告发表以来，以美国为首的西方学者就开始重视家庭社会经济地位这个关键因素对儿童教育成就的影响，并得到了较为一致的结论。家庭收入对学业成绩的影响，即使在考虑因果效应后依然存在：家庭收入每增加 1 000 美元，儿童成绩上升 5%—7% 个标准差。对此，已有研究主要提出了两种解释：一是通过增加对儿童的资源投入而产生直接影响，即提供食物、衣服、住所、儿童照料等基本福利，书籍等教育工具，课外活动、高质量照料等教育投资。二是通过家庭过程产生间接影响，即减轻父母压力、改善父母的健康状况、带来更好的育儿方式、提供榜样作用。研究更多支持了资源投入的直接影响这一解释路径。但同样不可忽视的是，在特定社区购买住房这一家庭支出对孩子学业成绩的影响。这是因为，首先，生活在较差的社区会降低孩子的认知测验得分；其次，社区与学区紧密联系，而几乎所有的学校选择和学生分配都在学区内进行。美国政府数据表明，2008 年，仅有不到 1% 的公立学校学生在所属学区以外的地方上学。因此，通过购买优势学区房，高收入背景的儿童同样取得优势。

学区如何发挥作用？学区收入隔离影响了与学生教育成就相关的经济和社会资源不平等：在高度隔离的美国大都市区，高收入背景儿童获得更多的资源，低收入背景儿童获得更少的资源。首先，学校开支因学区而异。高收入学区的财产税、销售税等地方财政收入更高，这些学区的学校可以获得更多的教育经费和资源；而学区收入隔离造成了低收入学区贫困学生的集中，从而提高了这些学区提供安全环境、良好条件学校和高素质教师的成本，并且很少有州拥有足够的补偿性资金弥补这一差距。其次，学区收入隔离导致可用社会资源的不平等。学区之间的收入隔离决定了学校之间的收入隔离，影响了学校的学生构成，而后者又可能通过学校环境、父母参与、社会资本、师生互动、同辈群体等多种方式影响学生的学业成就。不过，学校支出是否确实影响学业成就，这种影响是否因学生背景和学校环境而异，尚存在争议。此外，如邻里效应相关文献所述，学区隔离还通过社区的成人榜样、安全监管等方式在非学校社会环境中造成不平等，从而影响孩子的学业成就。

在过去的几十年中，黑人和白人学生之间的学业成就差距仍然巨大，其中一个因素就是学校之间的贫困隔离。在美国，由于黑人学生的家庭收入平均低于白人学生，学校种族隔离导致黑人和白人学校贫困率存在明显差异：黑人学生所在学校的贫困率平均是白人学生学校的两倍。其次，受住房市场中的种族歧视和偏见、财富的种族差异、种族分层的居住偏好和区位网络等因素影响，不论是高收入、中产还是贫困黑人家庭，他们都更可能选择比同等收入的白人家庭更低收入的社区，因而居住在高度贫困区的黑人贫困家庭可能因收入隔离处于更不利的地位。此外，学区涵盖了比人口普查区更大的地理区域，这意味着即便黑人中产或高收入家庭居住在高收入社区，他们也可能处于低收入学区。因此，学区收入隔离通过加剧黑人和白人学生在学校环境中的不平等而造成种族—学业成就差距。

以往研究主要考察了种族隔离对黑人和白人学业成就差距的影响，通常的结论是就读于黑人比例高的学校最不利于黑人学生，其次不利于白人学生。为数不多的研究考察了收入隔离对学业成就差距的影响，但对不同收入背景学生的作用还未取得一致意见：有研究认为社区之间的收入隔离降低了贫困学生高中毕业的可能性，但对非贫困学生没有影响；也有研究提出，社区隔离提高了处于收入分布上半端家庭孩子的受教育程度，降低了处于收入分布下半端家庭孩子的受教育程度。虽然这些少量研究同时考察了隔离对优势和弱势学生的影响，但大多数研究并非如此，它们要么只考察了对所有学生的影响，要么只考察了对弱势学生的影响。

　　本文分析了优势学生是否受益于收入隔离以及弱势学生是否受损于收入隔离，提出的假设是，收入隔离会影响收入—学业成就差距和种族—学业成就差距。具体而言，在高度隔离的美国大都市区，居住在资源丰富的学区可能会扩大家庭优势，居住在非常贫困的学区可能会加剧家庭劣势，从而拉大学业成就差距。

三、面临的挑战

　　本文认为学区之间的收入隔离会加剧优势学区与弱势学区之间的不平等，从而导致收入和种族之间的学业成就差距。不过，研究环境对个体教育结果的影响，我们不能忽略以下几种挑战。

　　一是选择性偏差。家庭本身的特征（如家庭收入、父母教育程度等）既影响学区选择，又会对儿童的学业成就产生影响，从而导致在估计学区影响时产生偏差。一种解决方式是在大都市区而非城市层级测量区域隔离，因为家庭在选择大都市区域时通常是为了工作、家庭纽带或地区历史，而这些特征与孩子的学业成就很少相关。也就是说，由于隔离创造了富人区，拥有高成就学生的高收入家庭会被吸引到隔离的大都市区。

　　二是反向因果。学区之间业已存在的学业成就差距可能导致学区之间住房成本的不平等，并且因父母的住房支出差距而影响住房结果。因此，收入隔离与学业成就差距之间的关系很可能是因果循环的：收入隔离导致学业差距，并通过房地产市场实现了未来几代持续性的收入隔离。当然，用观测数据解开这个循环是很难的。已有相关研究将调查时点之前的城市政府区划作为测量手段，发现隔离确实扩大了儿童教育获得的不平等。但是，确定可靠的测量工具仍然具有挑战性。

三是干扰因素。在大都市区，有几个干扰因素可能影响学区之间的收入隔离和学业成就差距。首先，收入不平等可能会通过其他方式影响学业差距，如父母育儿花费的差异。其次，种族隔离也可能以收入隔离之外的方式影响学业差距，例如，关于少数族裔学生的刻板印象，可能导致高质量的教师不愿在种族隔离的低收入学区教学。再次，不能把收入水平高低和收入隔离程度混为一谈。大都市区隔离程度更高，但收入的绝对水平即中位数也高，这些大都市区有丰富的资源，可以为低收入学区提供更多的基本资源，以提高该学区学生成绩的最低值。最后，大都市区优秀私立学校入学率高，高收入家庭可能选择退出公立学校，从而减少了公立学校家庭的收入差距，高收入—高学业成就学生的退出也影响了收入—学业成就差距。这些干扰因素在本文的数据分析中将予以考虑。

四、数据、变量和方法

本文关心的是不同收入和种族的学生测验成绩差距是否随大都市区学区之间的收入隔离水平而变化，数据源于收入动态跟踪调查（The Panel Study on Income Dynamics，PSID）和学区人口统计系统（The School District Demographic System，SDDS）。PSID 调查是自 1968 年以来进行的全国性纵贯研究，提供有关家庭收入、儿童种族、儿童测验成绩和大都市区居住地区的相关信息。其中，CDS（The PSID Child Development Supplement）数据收集了 1997 年 12 岁以下儿童的测验成绩，并进行了两次后续调查。本文分析了 2002—2003 年间收集的 CDS Ⅱ 数据中儿童的测验成绩（此时 CDS 样本还处于学龄期），并将样本限定于在 CDS Ⅰ 数据中生活在大都市区的公立学校儿童，获得有效样本 1 200 人。SDDS 根据 2000 年人口普查数据，为每个学区提供 16 个收入类别的家庭数量。

本文因变量是儿童的阅读成绩与数学成绩，通过伍德科克－约翰逊成绩测验（Woodcock-Johnson Revised Test of Achievement）得分衡量，该测验提供了与相应年龄段对应的全国平均水平的阅读和数学分数。阅读成绩来自字母—单词和段落理解测试，数学成绩来自应用题测试。

本文核心自变量为学区收入隔离，利用 SDDS 数据测算了大都市区每个学区之间的收入隔离水平，样本限定为至少有 1 个孩子在公立学校就读的家庭，它反映了税基、学生群体构成、父母和同伴资源方面的差异。测算时采取了秩序信息理论指数 H（The Rank-order Information Theory Index）进行估计，该指数捕捉了大都市区内各个学区之间家庭收入分布的均匀程度，对比学区内家庭收入的变化与大都市区内家庭收入的变化，考虑的是整体收入分布，而不只是贫困家庭和非贫困家庭之间的隔离。从理论上讲，H 的范围从 0—1，0 表示没有隔离（每个学区的家庭收入分布与大都市区完全相同），1 表示完全隔离（每个学区内的家庭有相同的收入，而学区与学区之间完全不同）。

另一个重要的自变量是家庭收入，采取重复测量的方式，取孩子出生后直至 CDS II 期间的家庭收入均值（根据 2002 年美国通货膨胀率进行调整），以避免突然变化或误报，更全面地反映家庭资源状况。此外，按照 2002 年美国的收入分布情况进行五等分，又得到五分类的家庭收入变量。

控制变量包括与家庭收入和测验成绩相关的家庭、儿童特征，包括儿童种族（白人、黑人、西班牙裔、亚裔、其他种族），儿童性别，家庭结构（是否为核心家庭），兄弟姐妹数量，父母受教育程度，父母教育期望（父母是否希望孩子获得学士学位）等变量；同时控制了儿童以前的测验成绩。考虑到大都市区的干扰因素，还控制了收入不平等（家庭收入基尼系数），种族构成（黑人比例、西班牙裔比例），学区对黑人、白人、西班牙裔、亚裔和其他种族学生的多种族隔离（用 H 测量），家庭收入中位数，私立学校入学率等变量。

分析方法使用了多层次模型，以允许家庭收入的影响随学区收入隔离程度而变化；将家庭收入和学区收入隔离的交互项作为关键系数，假如交互项是正的，则收入—学业成就差距在隔离程度更高的地区更大；使用多重填补法对缺失值进行处理，最终分析样本包括 170 个都市区的 1 202 名 8 岁以上儿童。由于样本量的原因，在分析种族—学业成就差距时，仅对非西班牙裔黑人和非西班牙裔白人进行比较。

五、主要发现

本文的主要发现分为 3 部分，依次探讨了学区收入隔离对测验成绩的影响、这种影响的收入分组和学区分组以及种族—学业成就差距。

多层次模型的结果见表 1，依次纳入家庭收入、学区收入隔离、两者的交互项、大都市区层次的干扰因素后，预测了儿童的数学成绩和阅读成绩。模型 1 仅控制了个体层面的变量，发现家庭收入的相关系数虽然显著但非常小：家庭收入每增加 10 000 美元，数学和阅读测验得分大约增加 0.2 分，约为标准差的 1%，这比过去的研究结果要小得多，说明将收入的因果效应分离出来面临着挑战。模型 2 加入学区收入隔离变量后，相关系数并不显著。在模型 3 继续加入两者的交互项，对边际效应及相应标准误的估计表明，家庭收入与数学成绩之间的关系因收入隔离水平而显著不同：在整合程度较好的大都市区，家庭收入与数学成绩之间没有显著关系，但在高度隔离的大都市区，家庭收入对数学成绩具有显著的积极影响。但是，对阅读成绩而言，家庭收入的影响在任何收入隔离水平下均不显著。在模型 4 中继续纳入大都市区干扰因素，边际效应显示在收入隔离低于中位数水平的大都市区，家庭收入与数学成绩无关，但在隔离程度较高的大都市区，收入与数学成绩的关系显著为正；随着学区收入隔离的扩大，家庭收入与学生成绩之间的关系也在增强。对阅读成绩的影响与此相似。这意味着，在收入隔离程度较高的大都市区，收入—学业成就差距更大。

进一步的问题是，学区收入隔离究竟是扩大了优势学生的学业成就，还是削减了弱势学生的学业成就，抑或是两者皆有之？本文的解决方式是在家庭收入的 5 个分类下观察收入隔离对测验成绩的影响。对于数学成绩而言，随着收入隔离的加剧，高收入家庭的成绩优势越来越大，在隔离严重的大都市区，收入最高的 20% 家庭的学生成绩最高；但贫困儿童的成绩变化始终不大。对于阅读成绩来说，收入隔离同样对富裕学生有利，略微不同的一点是，其对贫困学生产生了负面影响。

表1　家庭收入、学区收入隔离影响测验成绩的多层次模型

	模型 1	模型 2	模型 3	模型 4
数学成绩				
家庭收入（10 000 美元）	0.235* （0.106）	0.216* （0.104）	−0.198 （0.166）	−1.853 （2.437）
学区收入隔离		7.643 （9.173）	−15.709 （13.443）	−5.293 （23.292）
家庭收入 × 学区收入隔离			4.105* （1.632）	7.347** （2.774）
大都市区干扰因素				Y
截距	56.974	56.723	57.878	79.419
阅读成绩				
家庭收入（10 000 美元）	0.221† （0.114）	0.229* （0.115）	0.144 （0.204）	0.528 （2.620）
学区收入隔离		−7.531 （11.575）	−12.932 （16.322）	−54.974† （29.035）
家庭收入 × 学区收入隔离			0.944 （1.980）	6.707* （3.091）
大都市区干扰因素				Y
截距	43.210	43.508	43.838	45.639

注：所有的模型都包括个体控制变量（以前的测验成绩、种族、性别、家庭结构、兄弟姐妹数、父母教育程度、父母期望）；模型4控制了大都市区干扰因素（收入不平等、种族构成、种族隔离、家庭收入中位数、私立学校入学率）；MSA= 大都市区，Y=Yes（包含在模型中）；$\dagger p<0.10$，$*p<0.05$，$**p<0.01$。

为了进一步检验这一结果，再次采取前文多层次模型的分析方法，比较最富裕的 20% 家庭和最贫困的 20% 家庭的儿童相较于其他 80% 的儿童的测验成绩，具体结果见表2。

当模型 1 仅包括个体层次的变量时，富裕学生在数学和阅读方面的表现都更好。模型 2 加入学区收入隔离变量和两者的交互项后，边际效应显示，富裕家庭在较高的收入隔离水平下与数学成绩相关，但在任何收入隔离水平下均与阅读成绩无关。在模型 3 中继续加入大都市区的干扰因素，发现在学区收入隔离水平较高的大都市区，富裕儿童与所有其他儿童在阅读和数学成绩上的差距更大。具体来说，就数学成绩而言，在最低的收入隔离水平

表 2　富裕/贫困家庭、学区收入隔离影响测验成绩的多层次模型

	模型1：数学	模型2：数学	模型3：数学	模型1：阅读	模型2：阅读	模型3：阅读
富裕家庭 vs 其他家庭						
富裕家庭	2.581* (1.188)	−0.599 (2.076)	6.537 (28.814)	2.264+ (1.329)	1.119 (2.546)	−17.642 (33.957)
学区收入隔离		1.309 (10.862)	15.069 (18.490)		−17.164 (14.686)	−31.026 (24.329)
富裕家庭 × 学区收入隔离		37.194† (21.448)	116.117** (38.252)		23.960 (27.215)	94.474* (46.578)
大都市区干扰因素			Y			Y
截距	57.477	57.512	65.799	43.533	56.181	50.430
贫困家庭 vs 其他家庭						
贫困家庭	0.126 (1.293)	2.485 (2.099)	−11.674 (41.582)	−0.531 (1.512)	0.118 (2.439)	−11.824 (47.574)
学区收入隔离		15.533† (9.064)	46.051** (16.122)		−2.285 (11.588)	0.700 (20.589)
贫困家庭 × 学区收入隔离		−35.698 (24.189)	−52.490 (57.082)		−9.670 (28.907)	−37.806 (65.593)
大都市区干扰因素			Y			Y
截距	55.615	55.014	59.864	42.403	42.413	42.103

注：所有的模型都包括个体控制变量；模型3控制了大都市区干扰因素；MSA= 大都市区，Y=Yes（包含在模型中）；†$p<0.10$，*$p<0.05$，**$p<0.01$。

下，富裕儿童的数学成绩实际上比其他儿童略低；随着收入隔离程度的提高，其他儿童的数学成绩变化不大，富裕儿童的数学成绩逐渐提高，在中位数水平上，其数学成绩已经超过其他儿童，在最高水平上两者的成绩差距达到一个标准差。值得注意的是，在阅读成绩方面，有一点不同在于，随着收入隔离的加剧，富裕儿童的阅读成绩依然提高，但是其他儿童的阅读成绩逐渐降低。可能的解释或许是数学比阅读更依赖正规教育，低收入地区可以通过提供足够的资源帮助弱势学生取得最低水平的数学成绩。最后，对比最贫困的 20% 家庭的儿童和所有其他儿童，边际效应显示，在任何收入隔离水平下贫困家庭与儿童测验成绩之间的关系都不显著。

以上结果促使我们继续分析收入隔离如何影响富裕学区和贫困学区。使用 SDDS 数据，本文估计了在不同隔离程度下大都市区有孩子的家庭（选择20% 最高收入家庭和 20% 最低收入家庭）所在学区的家庭收入中位数，以此粗略代表该学区的财政和社会资源。图 1 表明，随着收入隔离程度的提高，高收入家庭更多地生活在富裕学区，最终导致在无隔离和隔离最严重的大都市区之间的学区收入中位数差距接近 40%；而低收入家庭所在学区的收入中位数变化始终不大。这与过去的研究发现"富人之间的学区隔离程度高于穷人之间的学区隔离程度"是一致的。目前为止的结果表明，在隔离程度更高的大都市区，收入—学业成就差距更大，因为优势学生受益更多、表现更好，而贫困学生的现状几乎没有改变。当然，学区收入中位数掩盖了地区内部的多样性，低收入学生也可能生活在隔离程度更高的大都市区中同质性程度更高的低收入学区。

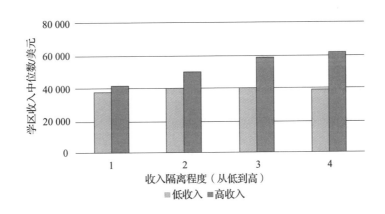

图 1　不同隔离程度下大都市区家庭所在学区收入中位数

接着要讨论的另一个问题是，种族—学业成就差距如何随学区收入隔离而变化，采取了与前文类似的多层次模型，样本仅对比了黑人和白人学生，回归结果见表 3。当模型 1 只包括个人层次变量时，白人学生的数学成绩和阅读成绩均显著高于黑人学生。模型 2 加入收入隔离变量及两者的交互项后，在隔离程度更高的大都市区，白人和黑人学生的成绩差距更大。最后在模型 3 中加入大都市区干扰因素，边际效应显示，在整合程度较好的大都市区，白人学生并未比黑人学生表现更好；但随着收入隔离的加剧，白人学生的数学和阅读成绩越来越高。进一步分析收入隔离对黑人学生和白人学生的影响，证明了与收入—学业成就差距类似的模式：对于数学成绩而言，在隔离程度更高的大都市区，白人成绩更高，黑人成绩基本不变；在阅读方面，收入隔离对白人学生获得较高的成绩、黑人学生获得较低的成绩都产生了影响。

表 3　种族、学区收入隔离影响测验成绩的多层次模型

	模型 1	模型 2	模型 3
数学成绩			
白人 vs 黑人	8.309*** （0.984）	5.707*** （1.491）	16.767 （22.307）
学区收入隔离		−9.656 （11.924）	9.627 （23.674）
白人 × 学区收入隔离		39.729* （17.112）	62.093† （33.103）
大都市区干扰因素			Y
截距	50.031	51.478	57.278
阅读成绩			
白人 vs 黑人	5.230*** （1.210）	2.003 （1.904）	−0.608 （28.130）
学区收入隔离		−28.574† （16.716）	−48.400 （32.649）
白人 × 学区收入隔离		49.268* （22.498）	73.071† （43.308）
大都市区干扰因素			Y
截距	33.924	35.997	51.455

　　注：所有的模型都包括个体控制变量；模型 3 控制了大都市区干扰因素；MSA= 大都市区，Y=Yes（包含在模型中）；†$p<0.10$，*$p<0.05$，***$p<0.01$。

　　在学区方面，收入隔离会给白人和黑人家庭带来什么好处或坏处？使用 SDDS 数据估算有孩子的黑人和白人家庭（分别选择 20% 最高收入家庭与 20% 最低收入家庭）所在学区的家庭收入中位数如何随大都市区的收入隔离程度和家庭收入而变化。图 2 表明，在隔离程度最低的大都市区，黑人和

白人家庭均生活在收入相近的学区中；收入隔离程度的提高为高收入的白人家庭提供了优势，但对高收入的黑人家庭却没有这种影响：在高度隔离的大都市区，高收入的黑人家庭与低收入的白人家庭生活在学区收入中位数几乎相同的社区。这意味着在隔离程度更高的大都市区，种族—学业成就差距变得更大了，因为白人学生——尤其是高收入的白人学生——比所有黑人学生甚至是同样高收入的黑人学生更有机会进入富裕的学区。

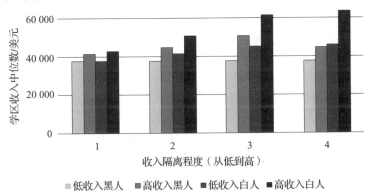

图 2　不同隔离程度下大都市区不同收入、不同种族家庭所在学区收入中位数

六、结论与讨论

自 20 世纪中叶以来，经济不平等现象在如下几个指标上均日益明显：收入不平等，社区、学校和学区之间的收入隔离，教育成就的收入差距等，而且种族不平等现象依然存在，并对代际流动和未来贫富差距产生了严重影响。本文认为，在美国大都市区，学区收入隔离造成了优势学区和弱势学区在经济社会资源方面的不平等，加剧了收入—学业成就差距和种族—学业成就差距；综合考虑种族和收入，高收入的白人家庭居住在收入隔离造成的富裕学区，同样高收入的黑人家庭却无法获得这些有利的环境。本文像许多其他研究一样表明，尽管有"美国梦"的承诺，但孩子们的成长地、父母的财富仍然以复杂的方式对其未来发展产生深刻影响。

不平等研究通常关注对弱势群体的消极影响，但本文强调了不平等也因优势群体获益更多而产生。随着收入隔离的扩大，高收入学生、白人学生受益更多，因为他们的家庭可以获得更多的资源和更有利的环境，从而拉大了收入和种族之间的学业成就差距。不过，阅读成绩的回归结果发现收入隔离会对低收入学生和黑人学生的阅读成绩产生负面影响，这一点还需要进一步调查。总体来说，这些发现强调了收入隔离对学业成就差距的影响，不仅是因为弱势学生落后，也因为优势学生的进步。这一结果与里夫斯（Reeves）的观点一致，即收入最高的 20% 家庭正在为他们的子女囤积机会。这对未来的经济、政治和社会两极分化产生了令人不安的影响。

之前的研究认为，学校和社区之间的种族与收入隔离对优势学生的影响很小，这一点也与本文对优势学生的结论略有不同。研究结论的不同部分源于研究设计上的差异——有关收入隔离的研究通常仅区分穷人和非穷人，没有考虑处于收入分布顶端的那部分人。此外，一个实质性的假设是，不同地理或行政级别的隔离对不平等的影响不同。因而，确定不同地理和行政级别的隔离如何对不同群体产生有利或不利影响，对于理解不平等机制和政策实施至关重要。或许，在高度隔离的大都市区，高收入的学生受益于高质量教师、更好的设施、来自父母的经济资助和实际参与、地区的先进课程。这些额外资源的缺乏不会影响学业成绩的最低水平，因此，低收入学生的学业成绩不会因收入隔离的加剧而受到影响，但这些资源帮助高收入学生提高了成绩的上限，从而拉大了学业成就差距。当然，学区收入隔离也可能影响弱势学生——如果低收入学生就读于整合程度较好的大都市区中混合收入学区最差的学校，那么他们能获得的经济与社会环境资源可能和隔离地区低收入学区的学校没什么区别。未来的研究应该调查学区影响不平等的机制，以及多种学区环境之间及其内部的隔离。

进一步来说，政策制定者和研究人员必须了解富裕环境的哪些特征对儿童有益，以及如何再现这些益处。正如前文所述，学校资源对学生学业成就的影响是否存在、是利是弊尚存争议，如果丰富的教学资源、高质量的课程、较高的教师工资或先进的设施确实能缓解隔离后果、提高学生的数学成绩，那么向低收入地区提供补偿性资助的学校财政政策可能有助于缓解教育不平等。另外，学区的社会资源，如父母的社交网络、信息、成就导向的文化等，也可能是高收入学区取得成功的关键因素，这表明促进区域经济社会一体化是必要的。尽管学校资源是否有效、整合是否必要仍然是一个争议性问题，但许多政策制定者、研究者和父母无法容忍回到"隔离但平等"的状态。这意味着必须找到让所有学生都受益的解决方案。

需要指出的是，收入隔离是贫富差距发挥作用的途径之一，但家庭过程也很重要。研究表明，在 21 世纪，低收入父母也会通过书籍、益智游戏、电脑、亲自参与等方式对孩子进行更多教育投资，从而缩小投资方面的收入差距。因此，如果低收入家庭不能花钱让孩子进入优势学区，也许可以通过其他有益于孩子发展的资源投入提高孩子的学业成绩，缩小与富裕儿童之间的学业成就差距。当然，其他政策支持，例如扩大对低收入儿童的福利和医疗保健政策，也会有所帮助。每个地区都有潜在的政策杠杆，可以用来缩小学业成就差距。总之，家庭、学校、学区、社区、国家政策都会对儿童的幸福成长产生重要影响。

教育与信任的关系：
来自三大洲的证据[*]

塞西莉亚·居梅斯（Cecilia Güemes） 弗朗西斯科·埃雷罗斯（Francisco Herreros） 著

李靖然^{**} 译

不同国家的人际信任水平存在着较大的差异。在一些国家或地区，人们通常愿意相信陌生人，经济交易过程不需要烦琐的文书工作，"搭便车"现象也不常见。而在另外一些国家或地区，人们只对朋友、熟人产生信任，或者说信任只发生于封闭网络中，如相同种族的群体成员之间。即使在同一个国家或地区内，不同群体间的信任水平也存在着显著差异。也就是说，在国家层面，存在着高度信任的社会与只在封闭的社交网络中发生信任的社会的差异；在国家内部，也存在着不同阶层信任水平的差异。我们该如何解释这种差异呢？国家层面上的解释包括经济不平等和政府效率。而在个人层面，教育通常被作为预测信任的一个强有力的因素：受教育程度高的人，"社会智力"（social intelligence）越有可能得到大幅度的提升，其解读社会环境的能力越强，更能够区分出社会中值得信任的和不值得信任的类型，因此比受教育程度低的人信任水平更高。正如最近一项研究所声称的那样，受教育程度与人际信任之间存在着显著的正相关关系。这一结果也得到了普遍证实。

在本研究中，我们假设政府效能就像一把保护伞，只有在这个保护伞

---

* Cecilia Güemes & Francisco Herreros. 2018. "Education and Trust: A Tale of Three Continents", *International Political Science Review* 40（127）. Copyright © 2018 by SAGE Publications, Inc. Reprinted by permission of SAGE Publications, Inc.

** 李靖然，南京晓庄学院陶行知研究院、教育研究院，讲师。

下，预测影响信任的因素如教育等才能发挥作用。我们认为，只有在拥有高效政府的国家，教育才会与信任呈正相关；而在政府效能相对低下的国家或地区，无论受教育程度如何，人们的信任水平都很低。进一步推测，不同国家间信任模式差异的关键在于，国家是否有能力保护那些与信任相关的行为不被机会主义者所利用。

我们把信任看作个体所具有的亲社会行为倾向，那些愿意相信他人的人往往是关心他人的利他主义者，以及愿意回报合作的人，甚至愿意以牺牲自己利益为代价制裁机会主义的个体。在规模小而简单的社会中，通过不同的制裁手段，可以保护那些付诸信任的个体不被机会主义者利用或欺骗。与之相对的是，在规模庞大且复杂的社会中，为了不让值得信赖的人被机会主义所驱逐，国家则起着至关重要的作用。在一些国家，亲社会行为的偏好几近消失，机会主义者在人群中占主导地位。国家机构保护亲社会行为的能力影响了个体层面变量之间的关系，如受教育程度与信任。与已有研究不同，我们的研究结果表明，教育对信任的影响并非总是正向的、积极的；在那些缺乏亲社会行为倾向的国家，受教育程度高的人相比受教育程度低的人信任水平更低，因为他们更能够察觉到社会中机会主义的存在。与之相对的是，在相关体制有效、完善的国家，那些亲社会行为大多得以保存及延续，受过高等教育的人通常会比受教育程度低的人更愿意相信他人。综上所述，政府效能在受教育程度与信任间发挥着调节作用。

我们通过比较欧洲、非洲、拉丁美洲三个大陆中人们的受教育程度和信任的关系来检验这些假设。我们把政府效能看作连续的——欧洲国家得分较高，非洲国家得分较低，而拉美国家则介于两者之间。研究结果基本符合预期，即在欧洲大部分国家，教育与信任之间存在着显著的正相关关系，在拉丁美洲则表现出较弱的正相关，而在非洲，人们的受教育程度与信任之间呈现出显著的负相关。

一、文献回顾与相关理论

政府效能是指国家执行、实施其法律、规范和条例的能力。这与政府质量概念有所不同，政府质量强调的是程序公平以及公共权力行使的正当性。这两个概念存在一定程度的关联。比如，招聘公职人员过程中公平与否会影响政府效能的高低。在本节后续部分，我们将进一步阐述这一假设。我们的论点建立在三方面的基础上：信任的含义、在规模庞大且复杂的社会中政府效能对于信任的作用、教育和信任之间的关系，我们将逐步进行论证。

信任是指无论是否存在合作过程外的激励，信任方都自发产生的、对受托方进行互惠合作可能的期望。信任方本身具有的亲社会行为偏好是产生信任的内在原因的关键组成部分。亲社会行为的具体表现包括：愿意互惠合作的倾向；回报他人的合作；惩罚违反合作规范的行为，即便惩罚者也要付出一定的代价；以关心他人的福祉为目的的利他主义。许多实验结果证明了这些亲社会行为偏好的存在。比如，在标准信任博弈任务的实验中，大多数受托方倾向于回报合作行为，也就是把信任方给予受托方的"代币"回馈一部分，尽管这可能是出于道德上的考虑。和其他很多实验得到的结果相同，利他主义动机在人类中也十分常见。这些具有亲社会行为倾向的个体通常被认为是值得信赖的。

这一定义和其他学者提出的信任概念有一定的相似之处。比如有研究者指出，信任是一个由三部分组成的关系和期望：A 信任 B 去做 X。或者说，信任是在不确定的情况下做出的决定。但是，如果只把信任定义为一种决策，就不可能将其与合作行为区分开来。而通过将信任定义为一种信念，信任可以对合作产生独立的影响，信任方愿意合作，至少是完成合作的前半部分，这是他们坚持受托人是可信赖的信念的结果。此外，需要注意的是，信任与否源于一个人内在的动机，否则信任将变成一个多余的概念。

受托方不辜负或不背叛信任方的原因有多个，其中之一就是双方维系在一段稳定持续的关系当中。只要双方都非常重视潜在的回报，而且这种关系何时结束还不确定，与信任相关的合作就能得以继续。即使双方的联系是短暂的，如果信任方和受托方都是某个网络的成员，在这一网络中，有关某人失信的信息可以轻易迅速地传递给其他成员，那么失信的状况也很难出现。在这种情况下，只要受托方还在乎与其他成员未来的合作，他就有维护自身可信赖的声誉的动机。最后，受托方选择不背叛完成合作可能是第三方强制的结果。这里的第三方通常是国家，只有政府机构才能对潜在的机会主义者进行制裁。上述情况下，合作都是伴随在信任之后而发生的。稳定持久的关系、长期交易的驱动、紧密联系的网络以及相关协议有第三方强制维护执行，导致了实施信任后合作行为的完成。

从另一个角度看，信任方是否愿意相信受托方也取决于其内在动机信念。如果存在上文所提到的外在条件，那么信任方对受托方是利他主义者还是机会主义者的判断将无关紧要。但如果这些外部激励机制不到位，比如在与陌生人打交道时，一个人本身具有的信念可能对是否决定信任及后续的合作至关重要。"囚徒困境"便是最好的实验证明。另外，即便存在促进信任与合作的外部条件，当事人也可以置之不理，而仅仅是基于信念进行决定，这一信念主要关乎在没有外部制约的条件下受托人会怎么做。

对信任的这一定义也间接说明了国家在信任的发生中可能发挥的作用，这是我们理论推演的第二个关键部分。一些研究表明，当国家作为第三方可以有效地促使私人协议强制执行时，也能够促进社会中信任行为的发生。这缘于人们相信对方会遵守协议，否则国家会实施惩罚。然而，根据我们对信任的定义，在这种情况下，委托方并没有在真正意义上信任受托方。他们也许相信国家会对机会主义者进行有效的制裁，也相信受托方知晓这一点并采取相应的行动。而真正意义上的信任在于委托方必须相信受托方会完成合作，即使在国家不会惩罚受托方背叛信任行为的情况下。国家是否能够促进双方协议的达成与这一信念无关。

用博弈论的术语说，政府效能高可以导致混合策略纳什均衡，即大家都愿意合作。也许选择合作的原因不尽相同，比如利他主义者这样做是因为他们总是偏好合作，而机会主义者是因为害怕被制裁。但是，信任方只看到结果，而且当所有类型的参与者都选择合作时，信任方无法准确捕捉受托方有关合作内在偏好的信念。然而，国家可以扮演可信赖类型的保护者的角色，通过这样一种间接的方式来促进信任。在这样的统筹均衡中，可信和不可信两种类型相互协作。否则，如果国家没有能力维护双方协议的顺利执行，结果将会大有不同：机会主义者会趁机背叛协议、欺骗对方，而守信者将继续遵守。需要注意的是，在这种情况下，机会主义者的回报更高，而且从长远来看，机会主义者的所得会超过守信者。

政府效能从根本上改变了一切：通过保护私人协议的执行，信任相关的行为得以维护。因此，法治的有效实施可以保护信任方免受机会主义者的侵害，这对亲社会行为偏好的延续至关重要。此外，如果受托方是值得信任的，那么委托方的信任也得以存在。相比之下，在缺乏有效的国家激励或其他外部机制保障的情况下，委托方将下调自己对他人可信赖性的预期，因为在这样的社会中充斥着机会主义。在政府效能高的地区，尽管在许多情况下，因为有外部机制的保障，合作可以不以信任为首要前提而达成，但信任仍将发挥重要的作用，特别是在与陌生人一次性的互动中，这种情况不存在对合作行为的外部激励。需要注意的是，这并不意味着在政府效能高的地区所有人都具有亲社会行为的倾向；这不是一个存在无条件的利他主义的地方，也不是一个信任会得到百分之百回馈的地方。但在这些地区，值得信任的类型与机会主义类型并存。

至此，我们已阐释了理论中两个关键部分：信任隐含着对他人亲社会行为偏好的预期，而国家可以作为信任类型的保护者。我们接着讨论第三个关键问题：教育与信任的关系。与这一主题相关的文献通常表明，受教育程度越高信任水平也越高。对于这一现象，人们给出以下解释：高等教育能够丰富人们的世界观、提高其抱负水平；"社会智力"的发展和教育紧密相关，而"社会智力"也包括区分值得信任的与不值得信任的人的能力；教育能够开阔人的视野，让人们知晓那些与自身不同的人或事；高等教育可以提升信任水平，因为接受高等教育可以让人们了解那些陌生群体的经历和历史，并让人们更有能力辨别出值得信赖的类型，也就是说，在受教育过程中，人们可以学习评估值得信赖的信号。因此，通过以上几种机制，教育可以提高人们的"社会智力"，从而更好地分辨他人是否值得信赖。

这三个部分使我们能够系统地理解教育对信任所发挥的作用，它是由政府效能来调节的。我们认为，教育对信任有促进作用，但这种正向影响只在那些法治能够有效保护信任行为不被机会主义者利用的地区存在。在政府效能低的国家，教育要么对信任没有影响，要么产生消极影响。这是根据以上三个部分的论述推理得到的。首先，信任是对受托方具有亲社会行为偏好可能性的预期。其次，这些亲社会行为偏好的存续依赖国家的保护，从而免受机会主义的侵蚀。再次，受教育程度高的人在判断对方是否值得信任方面更有优势。无论国家对亲社会行为的保护能力如何，受教育程度低的人信任水平都较低。这可能是因为他们没有接受过长期正规的教育，在区分值得信任的类型和机会主义类型的"社会智力"上表现不佳。所以当他们与人打交道时面临更大的不确定性，他们更可能选择不相信他人，从而避免背叛所带来的损失，人际交往更多依赖封闭的朋友圈和亲属网络。如果国家可以保护社会中的亲社会行为倾向，受教育程度高的人可能会更愿意相信他人。但在政府效能低的地区，亲社会行为无法得以延续，因此那些受过高等教育的人也会相应降低他人是值得信任的这一期待。

二、数据与方法

本研究主要利用非洲晴雨表调查（Afrobarometer）、拉美晴雨表调查（Latinobarometer）和欧洲社会调查（European Social Survey，ESS）的数据。这三个数据库涵盖了我们研究目标中三大洲的大多数国家。有关信任的测量，我们选取了不同数据库中相同的问题："你觉得社会中大多数人是值得信任的，还是需要小心对待？"这是测量人际信任或广义信任最为常用的问题，尽管这种测量方法的使用受到了一些批评。首先，针对问题答案的解释，有些人认为，答案更多地与受访者的合作倾向有关。而另一些人则认为，信任是一种复杂的、内隐的状态，无法用客观问题简单评价其强度和分布。但是，使用这一问题作为衡量信任的指标得到了实验数据的支持，而且在不同国家间的比较中也被证明是一种相对可靠的方法。就这一问题而言，它主要反映了人们对陌生人或者说大多数人的信任，这也与前文提到的我们对信任的定义一致。对陌生人的信任可以建立在信任方与其他受托方之间过往的经历上，而不是建立在与某个特定受托方互动的经验之上。因此，它更有可能是一种在与陌生人打交道时对所遇之人的可信赖程度的评估。

在非洲和拉美晴雨表调查中，信任是一个虚拟变量，取值为0表示"完全不信任他人"，取值为1表示"大多数人都是值得信赖的"。而在欧洲社会调查中，信任是一个连续变量，从取值为0表示"再小心也不为过"，到

10 表示"大多数人都是可以信任的"。这无疑造成了欧洲数据与非洲、拉丁美洲之间可比性的问题。但考虑到我们的研究主要是验证教育对信任是正向还是负向影响，以及政府效能所发挥的调节作用，因此，我们使用了三个大洲的数据。

图 1 展示了不同国家的信任水平，拉丁美洲和非洲的条形图显示的是认为"大多数人是值得信任的"受访者的百分比。在欧洲社会调查中，信任水平是连续变量而非二分变量，我们选取了得分 7—10 的研究对象作为高信任者，与另外两个调查中取值为 1 的人的占比作比较。考虑到我们的研究目的是对三大洲进行比较，因此将欧洲的相关数据重新编码。图中显示欧洲国家和其他国家信任水平存在差异，在欧洲约有 34.5% 的人愿意相信他人，这一结果远远高于拉丁美洲的 16.6% 和非洲的 19.3%。不仅如此，实际上在每个大洲内部不同国家间也存在着相当大的差异。在南欧、东欧一些国家，比如斯洛文尼亚、波兰和葡萄牙，社会中愿意信任他人的比例与拉丁美洲和非洲国家相当，而非洲的布隆迪、尼日尔和布基纳法索等国家信任者的占比与北欧一些国家相当。

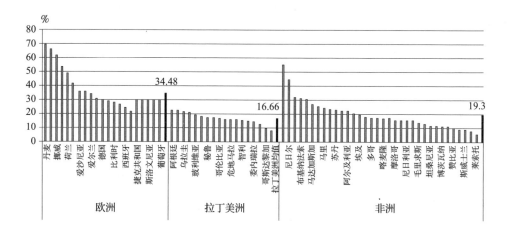

图 1　三大洲的信任水平

三大洲在政府效能维度上也存在不同。欧洲处于政府效能的高分端，非洲处于低分端，拉丁美洲介于两者之间。对于政府效能的评估，我们采用了世界银行的全球治理指标（Worldwide Governance Indicators），这一指标从政府效能得分最高的 2.5 到得分最低的 –2.5，反映了人们对所在国家或地区公共服务质量的看法、公职人员的工作质量及其不受权威影响的程度、政策制定和执行的水平以及政府完成计划的可信度。对比三大洲的政府效能水平，非洲得分最低为 –0.45，欧洲得分最高为 1.43，而拉丁美洲得分 –0.24，位于两者之间。同一大陆内部的不同国家间政府效能的得分也存在很大的差异。在拉美一些国家，比如得分 1.08 的智利和得分 0.54 的乌拉圭，他们的政府效能实际上与欧洲一些国家相似，而非洲一些国家，如得分 0.51 的博茨瓦纳和 1.04 的毛里求斯，这些国家的政府效能远高于拉美一些国家，比如玻利维亚的 –0.66 和委内瑞拉的 –1.22。为了检验这种异质性，我们在每个大洲的模型中也加入了国家层次的变量。

另外两个国家层次的变量是衡量收入不平等的基尼系数和人均国内生产总值（GDP）。收入不平等是预测人际信任的一个关键指标。在经济高度不平等的社会中，人们较少关注那些与自己社会背景不同的人，更不愿与其发生联系。实际上这一现象普特南（Putnam）在关于经济不平等和社会资本的分析中也有提及：在美国，经济不平等除了导致不同人群地理上的隔离和教育区隔的日益加剧，还意味着富人和穷人之间不太可能有直接接触和了解的机会，这会对人际信任产生负面影响。而人均 GDP 是衡量一个地区经济发展水平较为准确客观的指标。前人的一些研究表明，社会信任能够促进该地区的经济发展，反过来，在某些情况下，经济发展也可能会导致信任水平的提高。此外，通过考察经济发展水平对信任的影响，我们也可以排除政府效能完全取决于该地区经济发展水平的假设，这些可以通过世界银行的数据库得以验证。

模型包括三个个体层面的变量：教育、性别和年龄。关键自变量教育是被作为连续变量来测量的，其取值范围从未完成初等教育到获得博士学位。年龄和性别通常被作为与信任有关的人口学变量。一些研究发现，老年人往往比年轻人更愿意信任别人，尽管这种影响可能只集中在从童年到成年早期的过渡阶段。有一些研究评估了性别对信任的影响，大多数实验结果表明，相较于男性，女性更值得信任，而男性更愿意相信他人。

三、研究结果

我们首先分析了欧洲国家人们的受教育程度与社会信任之间的关系。根据前文的假设，我们预测在欧洲大陆这两个变量之间存在正相关。斯皮尔曼等级相关系数表明的确如此，教育和信任之间呈现出显著的正相关。正如假设的那样，受过高等教育的人往往比受教育程度低的人更愿意相信他人（相关系数为 0.197 5）；信任也与政府效能相关，信任者似乎在政府效能高的国家占比更多（相关系数为 0.298 1）；而基尼系数与信任呈负相关（-0.134 4）。在描述性分析后我们进一步使用多层次线性模型进行检验。

表 1 中的模型 1 涵盖的国家包括：奥地利、比利时、瑞士、捷克、德国、丹麦、爱沙尼亚、西班牙、芬兰、法国、英国、匈牙利、爱尔兰、以色列、立陶宛、荷兰、挪威、波兰、葡萄牙、瑞典和斯洛文尼亚。为了保证国家层次样本的数量，我们在模型中加入了以色列，尽管它不是欧洲国家。如果排除以色列，得到的结果也一样。结果表明，信任在个体层次和国家层次上都存在显著差异。教育对信任产生积极的影响，即使在控制了其他变量的情况下，教育对信任的促进作用仍然显著。另外我们可以看到，在政府效能处于平均水平、收入不平等程度适中的国家，那些处于平均年龄、受教育程度较低的女性对于信任的得分略高于 4。与之相对的是，受过高等教育的人的信任水平普遍在 6 分以上。在政府效能和教育的交互作用方面，虽然我们的研究主要是为了比较欧洲、非洲和拉丁美洲不同大陆之间政府效能的差异，但在每个大洲内部，国家之间政府效能的差异也让我们能进一步检验其是否会在教育与信任间发挥作用。结果基本上与预期相符，在所调查的欧洲国家中，教育对信任的作用都是积极的，特别是在那些政府效能水平高的国家，这一作用更为显著。另外教育对信任的促进作用随着政府效能的提高也存在边际效应，虽然在政府效能得分高的国家教育对信任的积极影响更为显著，但和欧洲其他国家相比差异也很小，也就是说，政府效能所发挥的调节作用是比较小的。总体来说，在欧洲，教育对信任有着积极影响。

表1 教育对信任的影响三大洲对比

	模型1	模型2	模型3
	欧洲	拉丁美洲	非洲
固定效应			
常数项	3.16**	−0.32	−0.35
	（1.16）	（1.05）	（0.66）
个体层次变量			
教育	0.001***	0.08***	−0.05***
	（0.000 2）	（0.01）	（0.009）
年龄	−0.000 9*	0.005***	0.07***
	（0.000 5）	（0.001）	（0.01）
性别	−0.11***	−0.20***	−0.02
	（0.02）	（0.03）	（0.02）
国家层次变量			
政府效能	1.65**	−0.47**	−0.36
	（0.54）	（0.17）	（0.27）
收入不平等	−0.01	−0.03*	−2.81**
	（0.02）	（0.01）	（1.21）
人均GDP	−0.01	−0.003	−0.002
	（0.02）	（0.01）	（0.002）
交互作用			
教育 × 政府效能	0.000 4**	0.11**	0.04***
	（0.000 1）	（0.02）	（0.01）
随机效应			
第一层	2.16***	0.27***	0.52***
	（0.13）	（0.05）	（0.06）
第二层	0.50***	0.02***	0.07***
	（0.02）	（0.008）	（0.01）
层一样本数	39 741	19 789	50 487
层二样本数	21	18	34
Wald x^2	1 405.69	86.85	285.11

注：*$p<0.10$，**$p<0.01$，***$p<0.001$。

在我们对三大洲政府效能的比较中，拉丁美洲处于中间水平，尽管其政府效能更接近于非洲，而与欧洲差异较大。我们分析的拉丁美洲国家包括阿根廷、玻利维亚、巴西、智利、哥伦比亚、哥斯达黎加、多米尼加、厄瓜多尔、萨尔瓦多、危地马拉、洪都拉斯、墨西哥、尼加拉瓜、巴拿马、巴拉圭、秘鲁、乌拉圭和委内瑞拉。在对这些国家的研究中，信任是作为一个虚拟变量来测量的，如果被访者认为"大多数人都是可以信任的"，那么取值为 1，认为"在与他人打交道时越小心越好"，信任为 0。结果表明，教育与信任存在正相关，但这两个变量之间的关联要比欧洲国家弱得多，相关系数为 0.030 2，这也基本上符合我们的预期。由于拉丁美洲国家的政府效能水平与欧洲国家相比得分较低，所以我们推测教育和信任之间的正相关程度也较低。这一结果在多层模型分析中也得到了证实，具体见表 1 中的模型 2。

把控制变量加入分析模型后，教育对信任呈现正向影响，尽管这一影响较弱。在政府效能处于平均水平、收入不平等程度适中的非洲国家，未受过教育的人与受过高等教育的人之间信任的期望概率仅相差 5%。对比欧洲，受教育程度最高的人群与受教育程度最低的人群之间信任的期望值增加了约50%。这在很大程度上证实了我们的假设，政府效能在教育和信任间起着调节作用，而国家在信任方面发挥的作用实际上是保护那些值得信任的人不被机会主义者所利用。与对欧洲国家的分析相同，我们将政府效能与教育之间的交互作用加入模型中。拉丁美洲国家的政府效能水平差异很大，如智利等国，其政府效能得分甚至高于欧洲一些国家，而像巴拉圭等国，其政府效能与非洲国家类似。正因如此，分析这种交互作用非常有意义。结果与我们的假设相符，在那些政府效能得分低的拉丁美洲国家，无论人们的受教育程度如何，其信任水平基本没有差异。具体的结果显示，在政府效能水平低的国家，教育对信任甚至有负面影响，受教育程度低的人比受教育程度高的人反而更愿意相信别人。而在智利、哥斯达黎加这种政府效能较高的国家，情况则大不相同，教育对信任普遍起着促进作用。

非洲晴雨表调查覆盖的国家有贝宁、博茨瓦纳、布基纳法索、佛得角、加纳、肯尼亚、莱索托、利比里亚、马达加斯加、马拉维、马里、莫桑比克、纳米比亚、尼日利亚、塞内加尔、南非、坦桑尼亚、乌干达、赞比亚、津巴布韦、毛里求斯、塞拉利昂、尼日尔、多哥、布隆迪、喀麦隆、科特迪瓦、几内亚、斯威士兰、阿尔及利亚、埃及、摩洛哥、苏丹和突尼斯。在政府效能得分方面，非洲是欧洲的反面。诸多研究表明，以上国家如利比里亚和苏丹等在政府效能方面表现较差。根据我们的假设，在非洲国家，教育和信任之间存在负相关，因为缺乏对于值得信任类型的保护，导致机会主义盛行。如果接受高等教育真的能够改变人的"社会智力"，那么受教育程度高的人的信任水平将是最低的。描述性统计初步证实了我们的假设。在我们选取的非洲国家的样本中，人们的教育与信任呈负相关，相关系数为 -0.120 6，这与欧洲和拉丁美洲的结果形成了鲜明的对比。另外，这一结果在多层次模型中也得到了证实。模型 3 显示，在非洲国家，教育对信任有负面影响，这也说明在政府效能低的国家，通常研究所声称的教育能够促进信任的现象并没有出现。在这些地区，由于接受过高等教育的人能够更好地辨别社会中值得信任的类型和机会主义类型的占比，他们的信任水平可能会更低。也就是说，在非洲，随着人们受教育程度的提升，他们的信任水平反而下降了。没有接受过正规教育的人认为他人可信的概率为 0.25，这一结果已经很低了，而接受过高等教育的人认为他人值得信任的概率仅为 0.1。与欧洲和拉丁美洲类似，我们还进一步研究了在非洲内部的不同国家间政府效能的差异是否会影响教育和信任之间的关系。有些国家如博茨瓦纳，其政府效能仅略低于欧洲国家，而苏丹等国政府效能则极低。交互项系数表明，教育与信任的关系在政府效能不同的非洲国家间存在一定的差异。在非洲各个国家中，人们的教育水平对信任的影响都是负向的，但随着政府效能的提升，教育对信任的抑制作用逐渐减弱。在政府效能高的国家，受教育程度高的个体与受教育程度低的个体其信任水平仅略有差异，也就是说，教育对信任基本不产生影响。而在政府效能低的国家，情况则大不相同。在这些国家，人们的信任水平明显随受教育程度的提高而下降。这表明，在非洲，随着国家层面政府效能的提升，受教育程度高的人和受教育程度低的人之间的信任差异明显缩小，甚至消失。

这与欧洲和拉丁美洲形成了鲜明的对比。正如我们所看到的，在欧洲所有国家中，教育对信任都有着积极的影响，这也从侧面反映出欧洲国家政府效能水平普遍较高。而在政府效能并不高的拉美国家，教育对信任的促进作用较低，而且国与国之间也存在着差异：在政府效能较高的拉美国家，教育对信任的积极作用较弱，而在政府效能较低的拉美国家，教育对信任基本没有影响。在非洲，我们发现如博茨瓦纳或南非这样政府效能较高的国家，受教育程度不同的人其信任水平基本不存在差异，但在那些政府效能较低的国家，教育对信任则产生负面影响。这种教育对信任的影响在不同条件下呈现出不同关系的复杂模式恰好符合我们的预期，那些接受过良好教育的人能更好地区分值得信任的类型和机会主义类型，并很好地把握不同类型在社会中的占比，在政府效能水平低的国家，信任方会被机会主义者利用和排挤，也无法得到很好的保护，那些接受过高等教育的人意识到这种风险，原有的信任系统因此而崩溃，教育对信任便不再产生积极影响。

然而，在有关非洲的研究中，有两类结果在某种程度上与我们的理论假设不符。首先，让人困惑的是，为什么在一些政府效能相对较高的非洲国家，受教育程度较低的人反而表现出更高水平的信任？同样的状况也出现在拉丁美洲，欧洲没有这一现象的发生。一般来说，不管政府效能水平如何，没有受过教育的人通常是低信任者。我们对此的猜测是，也许受教育程度低的人准确识别出社会中值得信任的类型的难度大，他们对陌生人是否可信赖很可能作出错误的判断。另外一个让人困惑的结果是，为什么非洲一些国家其政府效能水平和拉丁美洲、欧洲国家无异，却仍然呈现出教育对信任的负面影响？根据世界银行的指标，在政府效能达到 0.5 时，教育对信任的影响应当是积极的，这一推论在拉丁美洲和欧洲都得到了证实，但在非洲，教育对信任的抑制作用仍然存在，即使这一作用并不显著。按照推理，随着政府效能的提升，原有低效国家中所呈现的教育对信任强烈的负面影响会逐渐变得不显著，当政府效能提高到一定水平时，教育对信任应当表现出促进作用。我们给出的解释是，即使一些非洲国家的政府效能水平在实质性上得到了提升，但与拉丁美洲和欧洲国家相比，仍然难以树立起有效的声誉，人们固有的对环境的认知很难改变，尤其是对接受过高等教育的人来说，他们在面对陌生人时仍然抱有谨慎态度。

四、结论与讨论

本研究揭示了一个关于信任的悖论：在那些不太需要个人主观意愿产生信任的国家，即那些有着有效制度来保护信任行为免受机会主义侵害的国家，信任是丰富而充裕的；而在那些弱小的、制度不完善的国家，人际信任更能发挥弥补制度缺失的作用，信任却是稀缺的。我们认为，这并不是因为政府效能对信任直接产生影响，而是因为政府效能是值得信任的类型存续的先决条件，当值得信任的个体被机会主义者排挤出主流社会外，人们更倾向于认为社会中大多数人是不可靠的。对于受过高等教育的人来说更是如此，因为受教育让他们的"社会智力"得以提升，从而更能区分出社会中值得信任的类型和不值得信任的类型的占比。这一结论与原有许多有关教育与信任的研究相悖，已有研究通常主张教育对信任的影响是独立的、积极的。

与已有研究不同，我们的研究表明，只要教育是通过"社会智力"作用于信任的，那么教育对信任的积极影响只会在那些政府效能水平高的国家出现。在这些国家中，亲社会行为的偏好很大程度上受到保护从而得以存续，不被机会主义类型侵蚀。这并不是说教育和信任之间的关系可以简单地用政府效能来解释；更确切地说，由正规教育提供的"社会智力"是否会导致信任或不信任，取决于社会中值得信赖的类型的分布，而这实际上又很大程度上取决于国家在规范机会主义类型方面的效力。在欧洲和拉丁美洲，教育和信任之间都存在正相关，不过在拉丁美洲这种关系强度比在欧洲弱得多。而在非洲，教育对信任的影响是负向的，受教育程度高的人更不愿相信别人。

我们的研究结果也与前人的一些研究相呼应，这些研究分析了受教育程度对政治信任和制度信任的影响，发现国家的腐败程度在其中发挥着调节作用。也就是说，教育对政治信任的影响在腐败程度低的国家是正向的，而在腐败程度较高的国家，两者呈现负相关。

我们应该审慎地对待相关的研究成果，特别是一些研究中提到的教育对信任的促进作用，因为我们发现教育对信任的影响更多受到政府效能的调节，尽管在非洲国家中存在一些个例。这也进一步明确了我们未来可能的研究方向。教育对信任产生的作用可能并不源于由接受教育所带来的社会地位的提升及其他资源的增长。如果是这样的话，教育在任何情况下都会对信任产生积极影响。而教育与信任的关系随着政府效能的不同而变化，准确地说，随着社会中值得信任的类型和机会主义类型分布的不同而变化，那么教育更有可能通过"社会智力"对信任产生影响。要想验证这一假设，还需要进一步的研究，最好是通过实验的方法探索教育对信任发挥作用的中间机制。

最后，我们的研究也指出了现有部分政策的局限性。依据过去的研究，完善社会福利制度、促进教育公平这类政策通常被认为有助于社会信任的提升。根据本研究的结果，我们对于仅通过提高受教育水平就能促进社会信任的政策建议提出了质疑，建立公正有效的法治体系似乎才是提升社会信任的先决条件。

社会分层与不平等

欧洲的"工作贫困"现象：
一个类型学的分析 *

卡塔日娜·率布拉诺维奇（Katarzyna Cymbranowicz） 著

孙美玲 ** 译

一、问题的提出

"工作贫困"（working poor）问题在美国是一个亟待解决的难题。相比于欧洲，"工作贫困"这一术语更早地被用来描述美国劳动力市场的状况。长期以来，"工作贫困"问题一直被公众、政治家和学术界所忽略，20世纪90年代后期才开始有关于这一现象的研究。自1997年实施"欧洲就业战略"，尤其是2000年和2010年欧盟实施"里斯本战略"和"欧洲2020战略"以来，"工作贫困"问题在欧洲受到越来越多的关注。（相对）注重就业质量和在欧洲一级层面消除贫困、社会排斥的（相对）目标有助于使"在职穷人"群体在欧盟的社会经济发展战略中处于更有利的地位。"在职穷人"的存在表明，即使就业是避免贫困的最佳方法，但也并不能完全消除贫困。

许多研究者指出，把"穷人"想象成不工作的人是非常典型的一种想法，但在当下，就业能够完全使人们免于贫困的想法似乎不完全正确。欧洲统计局当前提供的估算数据表明，在职群体中的贫困现象正在成为欧盟一个严重的问题。2016年，欧盟18—64岁的总人口数为3.169亿人，其中24.2%处于贫困和被社会排斥的风险中（23.3%的男性，25.0%的女性），

---

* Katarzyna Cymbranowicz. 2018. "The 'Working Poor' Phenomenon in Europe: A Taxonomic Analysis", *Advances in Applied Data Analysis* 22（3）.

** 孙美玲，南京大学社会学院，博士研究生。

即 7 660 万人。同时，该数据还显示，同一年间，年龄在 18—64 岁之间的所有就业人员中，有 9.6% 面临贫困风险——这意味着约 3 040 万人在工作时还要面临贫困风险。由此也可以说，欧盟劳动人口中的 1/4 面临着贫困和被社会排斥的风险，几乎每 10 个工作的人中就有 1 人并没有因为工作而摆脱这种不利的情况。

"工作贫困"这一现象的复杂性部分源于它是一个混合概念，不同的方法和操作化过程都有可能导致"在职穷人"群体的规模及其结构有实质性的差异。本文将聚焦欧洲，使用公认的欧洲指标来测量收入贫困和物质匮乏。有鉴于此，本文旨在突出"工作"与"贫困"之间的相关性，采用原始资料文本分析、统计数据分析、类型学分析等方法来评估"工作贫困"问题，重点在于界定近年来在欧洲被称作"在职穷人"这一群体的规模及其结构，分析的结果会在文章的最后部分呈现。

二、文献回顾、数据和研究方法

开始讨论"工作贫困"之前，有必要先对这一现象的理论和经验背景作一个介绍，要梳理的问题包括工作、贫困及减贫方法，准确地说就是"工作"和"贫困"的定义到底是什么。已有的文献中关于贫困的定义和减贫措施多种多样，我们在此仅讨论其中典型的一部分。

1975 年，欧洲理事会已经将"贫困"（以及"社会排斥"）定义为多维概念："如果一些人的收入和资源无法达到社会可接受的生活水平，那么就可以认为他们生活在贫困之中。他们可能因为贫困而遭受失业、低收入、住房缺乏、医疗保健不足，以及终身学习、文化、体育和娱乐的障碍等多重不利影响。他们也经常在其他人的日常活动（经济、社会和文化）中被排斥和边缘化，并且基本权利都难以实现。"正如我们所看到的，贫困通常跟"社会排斥"这个更为模糊的概念联系在一起。欧盟将"社会排斥"定义为："一些人因为受到歧视而被推到社会边缘，并且由于贫困、缺乏基本技能和终身学习机会而难以充分参与社会的过程。这使他们远离工作、收入、受教育以及参与社区网络和活动的机会。他们几乎没有权利参与决策，因此常常因为无法控制影响他们日常生活的决策而感到无能为力。"我们强调了这两个概念之间的联系，但有意识地只关注"贫困"，因为它是进一步理解"工作贫困"的关键。1975 年 7 月 22 日，欧盟理事会将"陷入贫困的人"定义为资源缺乏到难以满足国民最低生活标准的个人或家庭（其中"资源"指的是"物品、现金收入以及公共的和私人提供的服务"）。1984 年 12 月 19 日，欧盟理事会将"贫困"的定义扩展如下："穷人应该指资源（物质、文化和社会）非常有限，以至于难以达到国民最低生活标准的个人、家庭和群体。"这是欧盟对所有成员国使用的官方"贫困"定义。

联合国将"绝对贫困"定义为"一种被严重剥夺了食物、安全饮水、卫生设施、健康、住所、教育和信息等人类基本需求的状况，它不仅仅取决于收入，也与获得服务的机会有关"。总体性贫困（overall poverty）被认为有多种表现形式，包括：缺乏收入和确保可持续生计的生产性资源；饥饿和营养不良；健康不良；接受教育和其他基本服务的机会有限或缺乏；疾病的发生率和死亡率增加；无家可归和住房缺乏；不安全的环境、社会歧视和排斥。它的特点还在于缺乏社会和文化生活的参与和决策。所有的国家都在发生贫困：发展中国家的大规模贫困，发达国家的贫富不均，经济不景气使生活水平下降，灾害或战争导致的突发性贫困，低薪工人的贫困，以及完全脱离家庭支持系统、社会机构和安全网的人的贫困。

上面提到的"贫困"定义显然是相对的，因为它们都是根据适用于某个会员国和某个社会的最低生活水平来定义"贫困"的。彼得·汤森德（Peter Townsend）等学者也提出了与上述定义类似的贫困衡量方法，值得一提的是大卫·戈登（David Gordon）有趣的评论："如果你把五个学者（或政策制定者）放在一个房间里，你通常会得到至少六种贫困的定义。已有的文献在如何定义和测量贫困方面存在很大的意见分歧。"他解释说，很多争议源于对定义的误解和测量方法的差异。

值得注意的是，自 2001 年拉肯峰会以来，"贫困"的概念已经被认为与"处于风险之中"（at risk of）相联系，"贫困的风险"这个表述暗示了如何将贫困的多维定义转化为单一的指标。玛丽·戴利（Mary Daly）指出了这一点，她认为"处于贫困风险中"一词实际上破坏了我们所定义的贫困概念的稳定性。"欧盟贫困的演变：概念、测量和数据"（The Evolution of Poverty in the European Union: Concepts, Measurement and Data）一文讨论了一些相关的争议点，他们认为应该将"处于贫困风险中"这一说法保留在贫困指标的官方表述中，这意味着生活在一个净可支配收入（所有家庭成员的收入之和减去纳税额）低于全国家庭净可支配收入中位数60%的家庭。

综上所述，应该解释清楚"工作贫困"这个概念的真正含义，《牛津贫困社会科学手册》（The Oxford Handbook of the Social Science of Poverty）的"就业与工作贫困"（Employment and the Working Poor）一文对其定义进行了概述。尽管"在职穷人"很容易被描述为"一个人既有工作又是穷人"，但从概念的"显而易见"到操作化的定义，即"可以被衡量问题程度的定义"，还有很长的路要走。因此，由于"工作贫困"位于"工作"和"贫困"之间，操作定义必定取决于每个术语的标准——表1表现了这一概念上的难题。

表1 文献和官方统计中"工作贫困"的定义

国家/地区	来源	"工作"的定义	贫困线
欧盟	欧洲统计局	过去一年中最常从事的工作每周至少工作15小时。新指标：在职的处于贫困风险中的个人也被归为受雇者（过去一年中至少有6个月的时间在劳动力市场进行最常从事的工作）	低收入线：低于家庭收入中位数的60%（相对货币贫困）；处于贫困风险中：生活在可支配收入中位数60%以下的家庭中的个人
法国	国家统计研究所（INSEE）/学者/国家社会融合行动计划2001—2003/2003—2005	一年中至少有6个月的时间在劳动力市场度过（工作或找工作）/至少工作6个月/一年中至少工作1个月	低收入线：低于家庭收入中位数的50%（有时为60%—70%）（相对货币贫困）
比利时	国家社会融合行动计划	一年中至少有6个月的时间在劳动力市场度过（工作或找工作）/至少工作6个月	低收入线：低于家庭收入中位数的60%（相对货币贫困）

国家 / 地区	来源	"工作"的定义	贫困线
瑞士	瑞士联邦统计局 / 学者	所有"活跃的"个人,无论工作时长 / 所有全职工作的人(即每周工作36小时或以上 / 至少一个人每周从事有利可图的活动40小时)。新指标:工作和生活在(所有成员)每周总工作时间不少于36小时的家庭中的个人	修改了社会保障的行政统一费率(行政货币贫困)
美国	美国人口普查局(USCB)	家庭成员的总工作时间不少于1 750小时(44周)	联邦贫困线(绝对货币贫困)
	美国劳动统计局(USBLS)	一年中至少在劳动力市场上度过6个月(27周)(工作或找工作)的个人	联邦贫困线(绝对货币贫困)
	美国研究人员	成年人平均一半以上时间都在工作(约1 000小时) / USCB和USBLS的定义(参见上文)	低于联邦贫困线的125%—150%—200%(绝对货币贫困)
加拿大	全国福利理事会(NCW)	家庭收入的50%以上来自工资薪水或自雇	加拿大统计局的低收入门槛(LICOs)(绝对货币贫困)
	加拿大社会发展理事会(CCSD)	成年人至少有49周的时间全职(每周至少30小时)或兼职工作	CCSD相对低收入线(相对货币贫困)
	加拿大政策研究网(CPRN)	全日制,全年	相对低收入线:每年少于20 000美元(相对货币贫困)
澳大利亚	社会政策研究中心	所有"活跃的"个人,无论工作时长	亨德森(Henderson)绝对贫困线(绝对货币贫困)

这个简短的总结展示了研究者如何处理"工作"和"贫困"的定义问题,虽然它并不详尽且主要关注官方定义,但是在此基础上还是可以得出结论:学者和政府机构在"工作贫困"的定义上缺乏共识。

如表1所示,在文献和官方统计资料中,"工作贫困"的概念框架有很多不同的观点和可能性,但是绝大多数通过以下因素来确定工作中的贫困风险对人口的影响程度:(1)个人特征(性别、年龄和受教育程度);(2)工作特征(专业地位、全职或兼职工作、雇佣合同类型、一年中工作的月份等);(3)家庭环境(单亲 / 单身,有子女或无子女等)。从制度层面来说,最低工资立法、就业保护法、税收结构和激励措施、获得儿童培训服务等情况也是影响"工作贫困"的重要因素。在职贫困的根源在于不同层次上各种因素的相互作用，欧洲改善生活和工作条件基金会、欧洲委员会的最新研究结果证实了这一点，根据埃里克·克雷塔兹和朱莉亚诺·博诺利（Eric Crettaz & Giuliano Bonoli）的说法，"工作贫困"的机制或直接原因有 3种，即低收入、低劳动力依赖程度和大家庭规模。艾米利亚·赫尔曼（Emilia Herman）引用其他研究人员的话说，不同的研究都表明"工作贫困"可能是由于劳动力市场功能失调、工作不稳定、非自愿的临时工作和兼职工作、薪水减少、在职人群家庭结构不同等造成的。

为了突出"工作"与"贫困"之间的实证关系，我们的分析采用欧盟的"工作贫困"定义、测量方法，以及从欧盟统计局数据库收集的统计数据。为了得到一个总体上的定义，本文作者仅考虑几个参数，进行分析比较的依据是表 2 所示的衡量欧洲"工作贫困"现象的主要指标。

表 2　欧盟统计局对"工作贫困"主要指标的定义

数据库	因素	定义
收入分配与货币贫困（ilc_ip），货币贫困（ilc_li）	贫困风险率（ilc_li）	贫困风险率是指可支配收入（社会转移后）低于贫困线阈值（社会转移后全国可支配收入中位数的 60%）的人口比例
		该指标没有衡量富有或贫穷，但是与该国其他居民相比收入较低，这不一定意味着生活水平低
		社会转移前的贫困风险率计算方法为社会转移前的可支配收入低于社会转移后可支配收入且低于贫困风险阈值的人口比例；退休金，例如养老金和遗属（寡妇和鳏夫）抚恤金，被计入收入（在社会转移之前）而不是社会转移；该指标检验不存在社会转移的假设
收入分配与货币贫困（ilc_ip），在职贫困（ilc_iw）	在职贫困风险率（ilc_iw）	持续贫困风险率表明在当年以及过去 3 年中至少有 2 年平均可支配收入低于贫困风险阈值家庭的人口比例；它的计算需要通过对个人进行长达 4 年的跟踪调查得出纵贯数据
		在职贫困风险率是指工作中（就业或个体经营）面临贫困风险（即平均可支配收入低于贫困风险阈值）的人口比例；该阈值设置为全国可支配收入中位数的 60%（社会转移后）
物质剥夺（ilc_mdd），按维度的物质剥夺（ilc_mddd）	严重物质剥夺率（ilc_mddd）	物质匮乏率是 EU-SILC 中的一个指标，表示无法负担大多数人认为过上理想或合适生活所必需的某些物质资料；该指标区分了无法负担某种商品或服务的个人和因其他原因而无法获得商品或服务的个人，比如因为他们不想要或不需要它

数据库	因素	定义
物质剥夺（ilc_mdd），按维度的物质剥夺（ilc_mddd）	严重物质剥夺率（ilc_mddd）	社会保护委员会采用指标衡量以下 9 项中至少 3 项负担不起的人口比例：①支付房租、贷款或水电费；②保持家中足够温暖；③面对意外事件的费用；④经常吃肉或蛋白质；⑤休假；⑥电视机；⑦洗衣机；⑧汽车；⑨电话
		严重物质匮乏率的定义是，被迫无力支付上述至少 4 个项目的费用
生活条件（ilc_lv），健康和劳动条件（ilc_lvhl）	生活在工作强度很低的家庭中的人（ilc_lvhl）	生活在工作强度很低的家庭中的人口指标定义为，在过去 12 个月中，生活在适龄工作人口的工作时间低于其总潜力的 20% 的家庭中的人口
		家庭的工作强度是收入基准年中所有适龄家庭成员实际工作的总月数与理论上家庭成员同一时期可以工作的总月数之比
		适龄工作人口是指年龄在 18—59 岁之间的人，年龄在 18—24 岁之间的学生除外

我们从欧盟统计局数据库中收集了 2005—2016 年间的统计数据进行分析和解释，之所以选择这个时间段，是因为该时间段与所研究问题对应的数据具有可用性和完整性（在特殊情况下，当数据不满足可用性和完整性条件时，分析的时间段会更短）。

三、对欧洲"工作贫困"状况的实证分析

根据欧盟统计局的估计，2016 年欧盟 28 国中，年龄在 18—64 岁之间就业人员的贫困风险率约为 9.6%，每 10 人中就有 1 人处于贫困的风险之中。根据欧盟统计局数据库的数据分析和计算可以得出结论，欧盟 28 国的"工作贫困"人口约为 3 040 万。2005—2010 年间该指标的波动很小，从 2006 年的 8.0% 增长到 2008 年的 8.5%。2010—2016 年有一个明显而系统的增长，从 8.3% 增长到 9.6%。各个成员国之间的巨大差异也值得关注——从芬兰的 3.1% 到希腊的 14.0%（2016 年数据）。在这种背景下，波兰劳动人民的处境是不利的。在 18—64 岁的工作人口中，波兰的贫困发生率为 10.9%，属于"工作贫困"风险率最高的国家之一。只有 6 个国家的比例比它高：保加利亚（11.6%）、意大利（11.8%）、卢森堡（12.0%）、西班牙

（13.1%）、希腊（14.0%）和罗马尼亚（18.6%）。

研究发现，欧洲"工作贫困"现象的特点包括如下几个方面：（1）主要影响以下群体：个体家户（2005年为10.1%，2016年为13.9%）；有受抚养子女的单亲家庭（2005年为16.0%，2016年为21.6%）；有受抚养子女的家庭（2005年为10.1%，2016年为11.2%）——风险最高的是有工作但单独抚养孩子的单亲父母。（2）在更大的程度上影响了兼职人员（2005年为11.1%，2016年为15.8%）。（3）尽管在职男性比在职女性的风险略高（前者2005年为8.9%，2016年为10.1%，后者2005年为7.2%，2016年为9.0%），但并没有明显的"男性化"或"女性化"状况；年轻雇员（18—24岁）的情况则相反——女性比男性更容易被剥夺需求（前者2005年为9.5%，2016年为12.7%，后者2005年为9.7%，2016年为11.6%）。（4）"工作贫困"在所有年龄段都受制于"青少年化"（juvenilization），18—24岁的年轻员工是面临最高贫困风险的群体（2005年为9.6%，2016年为12.1%）。

在接下来的部分将呈现类型学的分析结果，有可能观察到欧洲各个国家的"在职穷人"在规模和贫困风险水平变化方面的相似性。该分析应用了多维比较分析的分类分析方法，补充了先前有关该群体工作与贫困之间关系的研究。分类分析是一种基于离差平方（Ward）和聚类分析分组的多维度分析方法。本研究的研究对象是28个欧盟成员国（EU-28），研究在时间上跨越三个时期：2005—2008年，2009—2012年，2013—2016年（对所有的分析变量，都有可用的统计数据）。

操作化分析的第一步是选择测量"工作贫困"水平的诊断变量：（1）x_1，（18—64岁）有工作的人中贫困风险率指标，可支配收入低于收入中位数的60%。（2）x_2，（18—64岁）有工作的人中处于物质匮乏的指标。（3）x_3，（18—59岁）有工作的人生活在工作强度非常低的家庭（0.2—0.45），可支配收入低于收入中位数的60%。以上指标是根据欧盟收入和生活条件统计数据（EU-SILC）计算得出的。EU-SILC是欧盟收入分配和社会包容性比较统计的参考来源，它被用于"开放式协调方法"（OMC）中的策略监控。EU-SILC基于共同的"框架"想法，而不再是共同的"调查"，该概念定义：将目标主要变量（年度）和次要变量（每4年或者更长时间）的统一列表传输到欧盟统计局;通用准则和程序;旨在最大程度地提高所产生信息的可比性的共同概念(家庭和收入)和分类。然后使用算术平均值和标准差,根据标准化方法对诊断变量的值进行标准化(参见表3)。第二步,对每个分析周期进行上述变量之间的矩阵相关系数的逆矩阵。第三步,对于每个分析周期使用算术平均值和标准差,基于标准化方法对诊断变量进行标准化。

在下一个分析阶段(研究的时间段内每个阶段单独分析)进行以下操作:首先,测量欧盟28个成员国之间的欧氏距离(Euclidean Distance);其次,将欧盟28个成员国按照"在职穷人"的贫困程度和水平分组。为了按先前区分和描述的指标的值来区分相似的国家组,使用了 Ward 方法进行聚类分析。根据以上分析进行分组的结果如表3所示

表 3　诊断变量的值及其统计特征

欧盟 28 国	时间	2005—2008 年			2009—2012 年			2013—2016 年		
	编码	x_1	x_2	x_3	x_1	x_2	x_3	x_1	x_2	x_3
比利时	BE	4.2	2.4	19.3	4.4	2.5	25.0	4.6	2.2	24.7
保加利亚	BG	–	–	–	7.7	31.5	52.0	9.0	23.1	45.4
捷克共和国	CZ	3.5	5.2	30.4	3.9	3.8	31.6	3.9	3.4	27.0
丹麦	DK	4.6	1.1	17.9	6.0	1.2	25.6	5.2	1.7	20.2
德国	DE	6.2	3.0	24.9	7.3	2.7	30.6	9.4	2.5	35.4
爱沙尼亚	EE	7.7	4.3	44.4	7.9	5.0	40.5	9.9	3.3	42.6
爱尔兰	IE	6.0	1.8	24.6	5.3	2.9	14.5	5.0	3.7	18.6
希腊	EL	13.7	8.5	33.9	13.7	10.5	41.4	13.4	14.9	39.8
西班牙	ES	10.6	2.6	33.5	11.1	3.0	34.2	12.4	3.6	38.3
法国	FR	6.3	3.4	30.4	7.2	3.5	30.2	7.8	2.9	36.7
克罗地亚	HR	–	–	–	6.3	10.0	29.1	5.8	7.5	27.3
意大利	IT	9.1	4.3	33.3	10.5	6.8	39.0	11.4	8.0	39.8
塞浦路斯	CY	6.6	10.0	25.3	7.4	10.0	28.7	8.6	12.1	29.5
拉脱维亚	LV	10.2	20.7	49.4	9.9	18.5	45.3	8.8	11.7	41.2
立陶宛	LT	9.5	15.2	50.7	10.1	11.3	43.9	9.1	8.1	49.6
卢森堡	LU	9.7	0.7	32.0	10.2	0.8	37.3	11.5	1.2	31.5
匈牙利	HU	6.8	14.8	29.5	5.9	16.5	32.6	8.2	16.0	42.8

续表

欧盟 28 国	时间	2005—2008 年			2009—2012 年			2013—2016 年		
	编码	x_1	x_2	x_3	x_1	x_2	x_3	x_1	x_2	x_3
马耳他	MT	4.5	2.4	21.1	5.6	4.4	27.6	5.7	4.8	27.6
荷兰	NL	4.9	0.8	17.8	5.0	1.1	18.6	5.1	1.2	24.0
奥地利	AT	6.9	2.7	29.4	7.9	2.4	29.4	7.8	2.1	32.1
波兰	PL	12.5	18.0	32.4	11.0	9.2	36.5	10.9	5.9	42.8
葡萄牙	PT	10.6	6.4	37.6	10.0	5.5	40.3	10.7	6.1	43.5
罗马尼亚	RO	–	–	–	18.2	26.4	49.9	18.8	20.3	59.3
斯洛文尼亚	SI	4.8	3.7	20.4	5.7	4.4	25.7	6.6	3.9	31.2
斯洛伐克	SK	6.5	12.1	27.6	5.9	6.4	30.3	6.0	4.9	36.7
芬兰	FI	4.6	1.5	25.3	3.8	1.1	20.9	3.5	0.9	17.9
瑞典	SE	6.7	1.0	22.5	7.5	0.9	33.7	7.6	0.5	34.3
英国	UK	7.9	2.3	45.0	7.4	2.7	37.6	8.5	3.6	39.6
算术平均值	x	7.4	6.0	30.3	8.0	7.3	33.3	8.4	6.4	35.0
标准偏差	s	2.65	5.70	9.12	3.11	7.51	8.76	3.27	5.86	9.51
变异系数	V	0.35	0.95	0.30	0.39	1.02	0.26	0.38	0.91	0.27
最小值	$MIN.$	3.5	0.7	17.8	3.8	0.8	14.5	3.5	0.5	17.9
最大值	$MAX.$	13.7	20.7	50.7	18.2	31.5	52.0	18.8	23.1	59.3

注：表中"–"表示没有数据或数据不完整，2005—2008 年的分析中不包括保加利亚、克罗地亚和罗马尼亚。

（1）2005—2008 年，确定了 3 个集群：①第一组包括 15 个国家（比利时、捷克、丹麦、德国、爱尔兰、法国、塞浦路斯、匈牙利、马耳他、荷兰、奥地利、斯洛文尼亚、斯洛伐克、芬兰和瑞典），这些国家形成了中等强度的集群，其相似程度最接近分割点；②第二组包括 6 个相似程度最高的国家（爱沙尼亚、西班牙、意大利、卢森堡、葡萄牙和英国），它们建立了一个距离分割点最远的强大集群；③第三组包括 4 个国家（希腊、拉脱维亚、立陶宛和波兰），它们构成了内部相似性最低的弱集群。

（2）2009—2012 年，确定了 3 个集群：①第一组包括 18 个国家（除前一时期的 15 个国家外，爱沙尼亚、克罗地亚和英国加入其中），形成了一个中等强度的集群，其相似程度最接近分割点；②第二组由构成内部相似度最低的弱集群的 2 个国家组成（保加利亚和罗马尼亚）；③第三组包括 8 个具有最高相似度的国家（希腊、西班牙、意大利、拉脱维亚、立陶宛、卢森堡、波兰和葡萄牙），它们建立了一个距离分割点最远的强大集群。

（3）2013—2016 年，确定了 3 个集群：①第一组包括 10 个国家（比利时、捷克、丹麦、爱尔兰、克罗地亚、马耳他、荷兰、斯洛文尼亚、斯洛伐克和芬兰），这些国家相似程度最高，它们建立了一个距离分割点最远的强大集群；②第二组包括 6 个国家（保加利亚、希腊、塞浦路斯、拉脱维亚、匈牙利和罗马尼亚），它们形成了一个内部相似度最低、相异度最接近划分点的弱集群；③第三组包括 12 个国家（德国、爱沙尼亚、西班牙、法国、意大利、立陶宛、卢森堡、奥地利、波兰、葡萄牙、瑞典和英国），形成了一个中等强度的集群，其相似程度最接近分割点（类似于第一组）。

在很大程度上，欧盟成员国分组的结果，以及每个分析阶段这些国家在 3 个不同组别中的位置（根据分析的标准而言，情况最佳、平均和最差）取决于这些国家总体的社会发展水平。在欧盟的 28 个成员国中，有 13 个是所谓的"新成员国"，其社会经济发展水平低于所谓的"旧欧盟"的 15 个国家。"新成员国"与"旧成员国"之间的发展差距直接转化为这些国家之间可以观察到的工人贫困风险水平上，特别是物质匮乏方面的差距。

四、结论与讨论

正如以上所呈现的，"工作贫困"在劳动力市场和就业政策领域是一个值得更多关注的新类别，虽然一般认为"工作"与财富相关，而不是与贫困有关，但是近年来它却越来越多地与后者相对应。这也是本研究关注那些虽然有工作但仍在劳动力市场上处于不利地位的人的原因。实证研究表明，"工作贫困"已经成为欧洲国家所面临的真正挑战，本研究也揭示了近年来欧盟成员国"工作贫困"的发生率和主要决定因素。根据对欧盟 28 个成员国"工作贫困"群体状况的分析和评估，采用来源材料文本分析、统计数据分析和分类方法展开研究，我们得出结论，就业群体中存在"工作贫困"现象，并且这种现象影响了越来越多的人。这些结论当然不能使我们乐观，如果每年都有更多的人虽然工作却依然贫穷，这意味着每个国家的主管部门以及负责就业政策、社会事务和社会融合的超国家主管部门（例如欧盟）都面临着严峻的挑战，如果这个问题得不到解决，将对欧洲劳动力市场的未来构成真正的威胁，包括就业和经济增长的政策、战略和计划（例如"欧洲2020 战略"）。

能源成本：认识美国城乡不平等的一个新维度 *

阿扎勒斯·阿杜阿（Lazarus Adua）　艾比莉·比尔德（Ashley Beaird）　著

陈博锋　臧得顺 ** 　译

一、引言

在过去的两个世纪里，美国乡村有了许多实质性的改变。美国农村居民的贫困率从 1850 年的大约 84.5% 降低到了 2010 年的 20% 以下，这种转变部分是由美国经济和农村地区相对于其他地区的总体劣势所发生的结构性变化而驱动的。虽然乡村生活或者亲近自然的生活常常被一些人视为怀旧，但令人不快的事实是，美国乡村依然面临着一些社会问题和劣势。多年来，研究人员在许多幸福指标上记录了城乡差异，农村地区居民的情况要糟糕得多。研究表明，美国的机会结构因地而异，农村地区的机会相对有限。

在本文中，我们考察了农村普遍存在的多方面劣势扩展到住宅能源成本（residential energy costs）的程度，这项工作尝试将社会学不平等研究的前沿延伸到一个很少受到关注的领域。我们利用基于空间不平等的政治经济学（political economy，PE）视角——增长机器理论（the growth machine

---

* Lazarus Adua & Ashley Beaird.2018. "Place-based Inequality in 'Energetic' Pain: The Price of Residence in Rural America", *Socius: Sociological Research for a Dynamic World* . Copyright © 2018 by SAGE Publications, Inc.Reprinted by permission of SAGE Publications, Inc.

** 陈博锋，上海社会科学院社会学研究所，硕士毕业生；臧得顺，上海社会科学院社会学研究所，副研究员。

theory，GM）来实证检验，在控制消费和其他变量的情况下，住宅能源成本——我们称之为"能量痛苦"（energetic pain）——随居住地的变化程度。在美国这样的发达国家，能源开发和分配基础设施十分发达，审查能源使用的有效方法之一就是探索最终用户的成本。有证据表明，低收入家庭对能源成本上升的应对往往是减少能源和其他基本必需品的消费。

社会学中几乎没有人研究过家庭一级的能源成本和支出模式，在很大程度上，社会学家把能源相关研究领域让给了经济学家，以及其他政策导向的研究人员。本文对能源成本中城乡不平等的分析，将有利于农村社会学的长期研究，突出和强调了在与城市的对比下，美国农村面临的挑战。通过关注空间不平等中的能源成本这一未被充分研究的维度，我们的最终目标是提供关于其对家庭获得住宅能源、农村地区和人民社会流动性影响的一些思考。

我们通过分析美国能源部能源信息管理局（EIA）每 4 年进行一次的居民能源消费调查（RECS）的 4 波调查来解决问题。这些调查收集了有关家庭能源支出的资料（这是主要的相关因变量），以及许多其他变量。后文中将会对数据及其测量方法进行详细介绍。

在接下来的章节中，我们将对能源和社会关系进行一个简略的讨论。紧接着，我们将集中于增长机器理论，在政治经济学视角下讨论空间不平等，以此来指导我们的分析。最后是对数据、方法和结果的讨论。基于对数据的分析，我们得出结论：尽管农村家庭使用的能源更少，但平均而言，农村家庭的住宅能源成本高于城市家庭。

能源在调节社会和社会机构的结构方面起着重要作用。能源的可及性、能源转化能力以及使用方式影响着人们的生活方式、沟通方式以及社会结构。基于对能源在社会结构中重要性的强调，克特雷尔（Cottrell）注意到："人类可以利用的能源限制了他能做什么，以及他将要做什么。"从本质上讲，能源是微观和宏观两级社会代谢（social metabolism）的核心投入。在美国的住宅区，能源主要用于照明、空间供暖和制冷、水加热、做饭和洗衣等基本用途。

自 20 世纪 50 年代以来，能源消费与经济发展之间长期存在的正相关关系有所减弱，但需要指出的是，这种关系的弱化并不代表能源对社会重要性的降低，而更多源于能源使用效率的提高。因此，本研究涉及对社会和社会学而言都非常重要的一个课题，即能源成本和获取风险的城乡不平等问题。

二、政治经济学、地方分层和乡村劣势

系统性的经济与社会不平等存在于美国的住宅区之中。在当代美国，乡村和内城在地方分层中处于不利地位。微观和宏观的几个社会学视角为不平衡发展和空间不平等的研究提供了依据，本文运用政治经济学的观点（即增长机器理论），来建构城乡能源成本不平等的框架。对于研究不平衡发展和空间不平等而言，PE 视角是一种折中的社会学方法。

广义上的 PE 框架强调经济结构、制度安排、国家行动在决定地方分层方面的作用。该框架认为，地方之间确实相互竞争，旨在保持或提高它们在以地点为基础的分层系统（the place-based stratification system）中的相对地位，前面提到的因素（经济结构、制度安排和国家行动）在决定最终的等级顺序中起着决定性作用。主张这一框架的洛根（Logan）认为："在边界、宪法权力、公共资源分配、税收政策、土地使用控制等方面的冲突中，地方为了维持或提高其在地方等级制度中的相对地位而竞争。"事实上，很多文献显示，各种规模的地方都在争夺商业和其他发展项目。洛根和莫洛奇（Molotch）指出了地方分层的主要来源，但对人类生态学视角的核心论点不屑一顾。他们观察到，地方的属性是"通过社会行为而实现的，而不是通过一块土地固有的品质"。

从本质上讲，PE 框架认为空间分异是一种反映地方间权力关系的分层系统。地区间对有价值的社会商品和机会的竞争，在很大程度上是由增长、维持或提升地位这两个目标驱动的。莫洛奇的增长机器理论，为著名的 PE 视角下的地方治理提供了关于地方之间为何和如何竞争的重要见解。增长的必要性对任何特定地区维持或提高其在以地点为基础的分层系统中的地位是至关重要的，它是地区间竞争的主要驱动力。与 PE 视角的更广泛框架相一致，GM 理论断言，在美国，地方的主要目标是增长，这种"增长伦理几乎渗透到生活的方方面面，包括政治制度、经济发展议程，甚至棒球队和博物馆这样的文化组织"。

为了能够参与竞争或追求增长，地方必须具有能动性。GM 理论对 PE 框架的一个重要贡献是，它揭示了地方如何产生代理（agency）。GM 理论认为，支持地方增长的行动者（统称为"增长机器"）组成的联盟为地方提供了行动的机构。这个联盟包括地方权力精英，如房地产开发商、业主、建筑商、其他企业（如媒体和公用事业）以及地方政客。鲁德尔（Rudel）的一项个案研究也认为，农民是农村城市边缘地区增长机器联盟的重要成员。根据洛根等人的研究，城市的未来是由这个支持增长的联盟（即 GM）塑造的，这个联盟也主导了美国各地的地方政治。

GM 的成员利用地方政府的立法、财政和合法权利来保护和追求自身利益，包括通过土地集约化利用来促进增长。联合政府经常通过赞助或招揽那些服从于增长议程的政客来塑造地方政策。在其影响范围内，GM 联盟也经常通过避开或克服任何新兴的反增长政治来追求增长。尽管 GM 联盟采取行动的动力是其对当地经济增长和活力的持续兴趣，但任何由此产生的增长都不可避免地让地方保持或改善他们在等级体系中的地位，而不断积累的社会福利也会惠及个人和家庭。

理解这一观点的关键在于——地区间竞争是不平等的。在地方分层中起决定性作用的因素——经济结构、制度安排和能力、国家影响力——使得地方并不处于同一起跑线上。在这些因素上具有更大优势的地区（往往是更城市化的地区），在竞争中处于更有利的位置，也必然会使其居民受益。例如，实证研究表明，与能力有限的地区相比，具有更强的制度能力、更广泛收入基础的地区能够制定和实施更广泛的政策，包括旨在促进地方经济增长的政策。城市可以利用其优越的经济、制度和政治杠杆的结合，提供一系列激励措施，以吸引或留住公用事业供应商，这些措施将直接影响公用事业供应商的经营成本，而这最终体现在消费者（包括家庭和其他客户）费率的确定上。

而且，和其他 GM 实体成员可以无限地刺激当前和未来客户的消费不同，公用事业公司处于一个矛盾的位置，它既需要提高客户对公用事业的利用效率，又需要扩大利润。公用事业公司，尤其是电力供应商，向家庭和其他客户提供激励计划以减少能源消耗。在其他条件相同的情况下，提高效率通常意味着公用事业公司所售商品消耗的减少。为了发展和扩张，公用事业公司往往不得不开发新客户，"深入腹地，把线路延伸到维修成本极其高昂的地区"。比起那些设在城市的公用事业，农村公用事业就体现了这一特点。例如，在 2005 年，主要服务农村的电力企业的配送成本是在人口密集区域运营同类公司的两倍多。所有或部分成本最终将不可避免地被转移到消费者身上。这里的关键是，对增长的追求往往使公用事业公司忽略了向开放乡村地区居民提供更划算（more cost-effective）的服务的方法。

经济学家们只是简单地把上述讨论中提到的城市优势归因于规模集聚。然而，这并没有否定 GM 理论的论点，我们的文章采用了另一种关于城市优势的解释（即社会学的解释）。人员和组织在一个地点的集中并不是偶然发生的，也不是因为一块土地的固有性质，集聚和相关的规模经济是由人员和组织在地方之间的竞争来创造和维持的。例如，目前美国的几个大城市正在为吸引亚马逊的第二个总部而展开激烈的竞争。不足为奇的是，这场战争中没有农村社区或中型城市，这只是一场"泰坦之战"。

上述讨论表明，基于地点的分层最可能有利于城市地区，伴随而来的社会物品和社会成员（个人和家庭）的机会分配也可能遵循类似的模式，现有文献的经验证据支持这一关系。不过，农村的劣势会在多大程度上影响到住宅能源成本？根据前面的讨论，考虑到农村地区相对普遍的劣势，我们预计农村地区的住宅能源成本将高于城市地区。农村地区可能没有经济、政治和制度上的影响力，因而无法从公用事业公司那里获得电价优惠。

现有关于能源问题的文献缺乏对住宅能源费用中城乡差距的系统研究。一个例外是威廉·浩克（William Hawk）的一项研究，该研究报告了关于这个问题的混合结果：农村居民比城市居民在电力和燃油上花费更多，在天然气上花费更少。浩克研究的主要局限是他没有控制调节居住位置和能源支出（成本）之间关系的变量的影响，如消费水平、家庭规模、住房特征、地区等。有证据表明，家庭规模是住宅能源消耗的重要人口因素，而这又是能源相关支出的一个主要决定因素。

本文指出并简要讨论了住宅位置和能源消耗之间的关系，这是因为住宅能源消耗是能源成本的主要决定因素。有几项研究记录了城乡居民能源消耗存在的差异，报道了居住位置（农村与城市）与住宅能耗之间的混合关系。一方面，一些研究认为城市住宅与能源消耗之间存在正相关关系；而另一方面，另一组研究报告了农村住宅和能源消耗之间的正相关关系。穆拉托里（Muratori）估计，农村地区家庭的能源消耗要多 10%，尽管他们通常更节约能源。虽然目前的文献不能确定这些相互矛盾的发现的确切原因，但将家庭能源消耗作为住宅能源成本的潜在驱动因素仍然是有用的。因此，我们将住宅能耗建模为主要预测因素之一，并将其视为住宅区位与住宅能耗之间关系的统计控制和重要中介。

三、数据和方法

本研究的分析单位是家庭。使用的数据来自 1993 年、1997 年、2005 年和 2009 年的 4 波住宅能源消耗调查。为了对跨越 20 年（20 世纪 90 年代和 21 世纪 00 年代）的数据进行建模，我们在每一个十年中选择了两个连续的 RECS 波（1993 年和 1997 年，2005 年和 2009 年）。

（一）因变量：住宅能源成本

本研究的主要因变量是住宅能源成本，以家庭年度住宅能耗支出来衡量。我们对家庭的各种燃料能源账单进行统计，从而得出年度能源支出的估计值。为了构建这个变量，我们汇总了家庭在电力、天然气和燃油上的支出（见表 1）。单独分析这些能源支出可能会导致误导性的结果，因为它们（能源支出）是相互关联的。例如，一些家庭可能会在电力上花费更多，这并不仅仅是因为他们使用的电更多或成本更高，而是因为他们没有在天然气或燃油上花钱。由于取值范围很广，我们对该变量进行对数变换。表 1 中提供了我们关注的每一种能源的家庭年度支出的汇总统计。

表 1　家庭能源成本、居住地、能源消耗和其他统计控制变量汇总表

变量	测量	1993 年		1997 年		2005 年		2009 年	
		平均值 /占比	标准误	平均值 /占比	标准误	平均值 /占比	标准误	平均值 /占比	标准误
住宅能源成本（2009 年的价格）	年度总支出	1 839.4	13.0	1 728.8	12.5	1 877.4	16.3	1 920.4	10.9
	用电年支出	1 245.7	10.4	1 163.4	10.1	1 233.4	12.6	1 340.3	8.8
	天然气年支出	492.2	7.8	471.7	7.8	517.9	9.7	490.0	6.2
	燃油年支出	101.5	4.5	93.7	4.5	126.1	7.3	90.1	3.7
居住地	城市	0.462	0.007	0.475	0.007	0.424	0.008	0.775	0.005
	城镇	0.163	0.005	0.179	0.005	0.170	0.006	NA	NA
	郊区	0.206	0.006	0.183	0.006	0.204	0.007	NA	NA
	农村	0.168	0.005	0.162	0.005	0.201	0.006	0.225	0.005
住宅能源消耗	按 BTUs 计算的住宅年能耗	99 140	887	96 831	907	90 074	874	85 086	575
房屋大小	房屋总面积（平方尺）根据调查者测量（1997 年数据根据模型估计）	1 875.4	15.95	1 663.5	13.13	2 308.6	26.59	2 108.7	15.13
房屋隔热效果	没有隔热	0.014	0.002	0.005	0.001	0.012	0.002	0.005	0.006
	效果较差	0.215	0.006	0.182	0.005	0.173	0.006	0.191	0.006
	效果适中	0.397	0.007	0.375	0.007	0.423	0.008	0.445	0.005
	效果很好	0.373	0.007	0.375	0.007	0.391	0.008	0.358	0.001
房屋年龄	基于房屋建造年份计算	10.7	0.04	12.3	0.05	8.9	0.05	37.9	0.26
供暖	当天平均温度超过 65 华氏度的年用电度数	4 541.6	31.22	4 358.5	32.62	4 076.7	35.24	4 196.8	21.01
制冷	当天平均温度低于 65 华氏度的年用电度数	1 323.3	12.60	1 273.6	14.54	1 585.3	16.7	1 383.5	10.38
所在地区	东北部	0.202	0.005	0.194	0.005	0.185	0.006	0.183	0.004
	中西部	0.241	0.006	0.237	0.006	0.230	0.007	0.228	0.005
	西部	0.347	0.006	0.354	0.007	0.366	0.008	0.370	0.005
	南部	0.211	0.005	0.215	0.006	0.218	0.006	0.219	0.04
家庭年收入	过去 12 个月家庭收入总和	34 446	343.1	37 488	394.9	48 938	562.9	5 4347	396.3

续表

变量	测量	1993 年		1997 年		2005 年		2009 年	
		平均值/占比	标准误	平均值/占比	标准误	平均值/占比	标准误	平均值/占比	标准误
户主种族	白人	0.830	0.005	0.773	0.006	0.720	0.007	0.789	0.004
	非裔美国人	0.113	0.004	0.125	0.005	0.123	0.005	0.135	0.004
	其他	0.057	0.003	0.102	0.004	0.158	0.006	0.076	0.003
户主性别	女	0.462	0.007	0.560	0.007	0.556	0.008	0.531	0.005
家庭规模	家庭成员数量	2.61	0.020	2.59	0.021	2.568	0.024	2.572	0.016

（二）自变量

本研究的主要自变量为被调查者的居住地。关于这个变量的测量，1993年是根据调查者的观察判断，而 1997 年和 2005 年的调查是由受访者自我报告。在 1993 年的调查中，调查人员被要求在以下选项——"城市、城镇、郊区、农村或开放的乡村"——中选择受访者的居住地类型。在 1997 年和 2005年的调查中，受访者会被问及："下面哪个类型最能描述你的居住地，城市、城镇、郊区还是农村？"而在 2009 年的调查中，则是根据美国人口普查局的编码，将受访者的居住地划分为城市或农村。居住地点类别的汇总统计数字载于表 1。

另一个关键自变量是住宅年能耗。它用居民每月消耗的电力、天然气和燃油的年化消费量数据来衡量。这些数据是以 BTUs 计算的，BTUs 是一种能源热量的测量单位。为了创建一个住宅能源消耗的综合度量，我们对能源类型的 BTU 度量进行加总，因为它的取值范围很宽泛，所以在多元分析中，同样需要对其进行对数转换。这个变量主要调节城乡连续体中的居住位置与能源成本之间的关系，住宅能源消耗的数据亦载于表 1。

分析中包含的其他预测因素包括：房屋面积、房屋隔热效果、房屋年龄、供暖天数、制冷天数、所在地区、家庭年收入、户主年龄、户主种族、户主性别和家庭规模。我们之所以纳入这些变量，是因为以前的研究表明，它们会影响家庭的住宅能源消耗，这反过来影响了家庭的住宅能源成本。除了通过消费产生影响外，这些变量很可能会对住宅能源成本产生残余影响。作为论断的一部分，我们考虑了一些变量（收入、种族、性别和家庭成员数量）与城乡居民居住地之间的潜在相互作用，但在模型中没有发现任何一致的模式。

（三）模型设定和估计

虽然我们主要关注的是住宅位置对能源成本的影响程度，但分析中还把其他几个变量作为统计控制。然而论断测试表明，其中许多统计控制与模型中的其他变量有因果关系（即它们是模型的内生变量）。在这种情况下，我们选择了使用被观察变量的结构方程模型（SEM）。利用结构方程模型，这些变量既作为解释变量，也作为被解释变量，有效地解决了内生性问题。

拟合数据模型是被观察变量的结构方程模型。该模型包含7个方程，对应7个内生变量（因变量）。模型包含了家庭规模（y_1）和家庭收入（y_2）之间的反向因果关系，使其成为一个非递归模型。对于2009年的数据，X_1（即居住地＝城镇）和 X_2（即居住地＝郊区）被排除在外，这是因为2009年的数据只有城市和农村两个类别。考虑到调查中固有的设计效应（因为它们基于复杂的抽样程序），本研究中报告的所有模型都基于对数据的加权分析。每个数据文件都带有一个权重变量，可以针对所有设计效应和无响应进行调整。

四、研究结果

在本节中，我们将介绍研究结果。首先简要介绍双变量分析结果，接下来介绍多元模型。在讨论多元模型的结果之前，我们将先讨论相关的拟合优度统计：卡方、误差近似均方根（RMSEA）和比较拟合指数（CFI）。

（一）二元关系

双变量统计结果显示，农村家庭能源消耗和成本不匹配。与城市居民相比，尽管农村家庭使用的住宅能源更少，但数据表明，他们的成本更高。1993年、1997年、2005年和2009年，农村家庭消耗的能源分别比城市家庭少约12 264.5BTUs、10 903.2BTUs、9 637.3BTUs和7 198.9BTUs。然而，双变量分析显示，在1993—2009年间，美国农村家庭在住宅能源上的支出明显高于城市家庭。基于GM视角和更广泛的空间不平等文献，我们预计农村居民将在能源成本方面处于不利地位，而事实似乎确实如此。接下来，我们研究控制居民能源消费和许多其他相关变量的影响，这种明显的"农村税"是否依然存在。

（二）多元结果：结构方程模型

表2展示了上述4个数据集对SEM的拟合结果。我们的讨论将集中在SEM模型中的方程7上，方程7以居民能源成本为因变量（内生变量）。此外，还将对一些统计控制变量的影响进行简短的评论。这一结果适用于家庭在电力、天然气和燃油上的总支出。

表2　结构方程模型结果：其他变量对住宅能源成本影响的全模型结果（1993—2009年）

年份	1993年		1997年		2005年		2009年	
	方程6：能源消耗	方程7：能源成本	方程6：能源消耗	方程7：能源成本	方程6：能源消耗	方程7：能源成本	方程6：能源消耗	方程7：能源成本
A：内生变量								
房屋大小	0.08*** (0.01)	0.04*** (0.00)	0.08*** (0.01)	0.03*** (0.00)	0.09*** (0.01)	0.03*** (0.00)	0.08*** (0.00)	0.03*** (0.00)
收入	0.07*** (0.01)	0.04*** (0.01)	0.02* (0.01)	0.04*** (0.01)	0.08*** (0.01)	0.05*** (0.01)	0.06*** (0.01)	0.03*** (0.00)
房屋年龄	0.04*** (0.00)	−0.01*** (0.00)	0.04*** (0.00)	−0.01*** (0.00)	0.03*** (0.00)	−0.01** (0.00)	0.00*** (0.00)	−0.00*** (0.00)
房屋大小	0.51*** (0.02)	0.12*** (0.01)	0.69*** (0.03)	0.16*** (0.01)	0.35*** (0.02)	0.06*** (0.01)	0.48*** (0.01)	0.09*** (0.01)
隔热程度	0.01 (0.01)	−	−0.05*** (0.01)	−	−0.00 (0.01)	−	−0.03** (0.02)	−
日能源消耗	−	0.54*** (0.02)	−	0.53*** (0.01)	−	0.68*** (0.01)	−	0.67*** (0.01)

年份	1993 年		1997 年		2005 年		2009 年	
	方程 6：能源消耗	方程 7：能源成本	方程 6：能源消耗	方程 7：能源成本	方程 6：能源消耗	方程 7：能源成本	方程 6：能源消耗	方程 7：能源成本
B：外生变量								
城镇	−0.08*** (0.02)	0.04*** (0.01)	−0.11*** (0.02)	0.05*** (0.01)	0.02 (0.02)	0.00 (0.01)	NA	NA
郊区	0.01 (0.02)	0.05*** (0.01)	−0.04 (0.02)	0.05*** (0.01)	0.04 (0.02)	0.00 (0.01)	NA	NA
乡村	−0.44*** (0.03)	0.16*** (0.01)	−0.36*** (0.03)	0.13*** (0.01)	−0.27*** (0.03)	0.12*** (0.01)	−0.24*** (0.02)	0.11*** (0.02)
中西部	0.02 (0.02)	−0.18*** (0.01)	−0.03 (0.02)	−0.23*** (0.01)	−0.10** (0.03)	−0.22*** (0.01)	−0.01 (0.02)	−0.30*** (01)
西部	−0.06* (0.03)	−0.08*** (0.01)	0.13*** (0.03)	−0.15*** (0.01)	−0.21*** (0.03)	−0.13*** (0.01)	−0.10*** (0.02)	−0.17*** (0.01)
南部	−0.20*** (0.02)	−0.23*** (0.01)	−0.25*** (0.03)	−0.27*** (0.01)	−0.28*** (0.03)	−.22*** (0.01)	−0.18*** (0.02)	−0.39*** (0.01)
供暖	0.20*** (0.01)	−0.07*** (0.01)	0.18*** (0.01)	−0.08*** (0.01)	0.14*** (0.01)	−0.08*** (0.01)	0.19*** (0.01)	−0.10*** (0.04)
制冷	0.01 (0.01)	0.05*** (0.01)	0.01 (0.01)	0.04*** (0.01)	0.03* (0.01)	0.04*** (0.01)	0.06*** (0.02)	0.03*** (0.01)
户主种族：非裔美国人	0.12*** (0.03)	0.00 (0.0l)	0.11*** (0.02)	0.0l(0.0l)	0.06* (0.03)	−0.00 (0.0l)	0.10*** (0.02)	−0.00 (0.0l)
其他	−0.05 (0.04)	−0.06** (0.02)	−0.05 (0.03)	−0.08*** (0.01)	−0.09** (0.03)	−0.02 (0.01)	−0.02 (0.02)	−0.03** (0.01)
户主性别：女性	0.04* (0.02)	0.02* (0.01)	0.00 (0.01)	0.01 (0.01)	0.06*** (0.02)	0.01 (0.01)	0.03* (0.01)	−0.00 (0.01)
模型统计								
截距	−0.03	4.61	0.06	0.30	−0.88	6.14	−0.06	4.88
N	7 111		5 900		4 382		12 083	
卡方检验	1.21		0.79		0.64		1.55	
均方根近似误差	0.00		0.00		0.00		0.00	
拟合指数	1.00		1.00		1.00		1.00	

注：*$p<0.05$，**$p<0.01$，***$p<0.001$。

在模型的拟合度方面，几个拟合优度统计数据（见表 2）显示了模型与数据集之间具有良好的拟合度。

与基于地方不平等的政治经济学视角以及相关文献的见解一致，我们发现住宅能源成本也存在农村劣势。正如 4 个模型所显示的那样，美国农村家庭在住宅能源上的支出明显高于城市家庭。控制与能源成本相关的几个变量的影响后，1993 年乡村家庭住宅能源支出比城市家庭多 16%（方程 7）。就实际成本而言，16% 意味着什么呢？城市家庭 1993 年的平均支出约为 1 133.41 美元，这 16% 的差异表明农村家庭在住宅能源上的支出要高 181.35 美元，即平均约为 1 314.8 美元。4 年后，即 1997 年，数据显示，在住宅能源成本方面，农村家庭仍处于相对劣势：他们在住宅能源上的花费比城市家庭多 13%。1997 年的城市平均住宅能源开支为 1 177.71 美元，农村家庭在住宅能源上的支出比城市家庭平均高出 151.10 美元左右。

城乡居民能源费用差距虽然在此后几年有所缩小，但在统计上数值仍然很大。2005 年，美国农村家庭在住宅能源上的花费比城市家庭多 12%。2009 年，这一差距略有缩小，农村家庭在住宅能源上的支出比城市家庭高出 11%，考虑到 2009 年城市家庭的平均支出（约为 1 924.88 美元），这一差异导致农村家庭的平均支出增加了约 211.74 美元。

平均而言，农村家庭住宅能源消耗明显低于城市家庭，这证实了二元变量结果中提出的模式。数据显示，1993 年农村家庭住宅能源使用量比城市少了 44%，1997 年少了 36%，2005 年少了 27%，2009 年少了 24%（见表 2，方程 6）。美国公用事业费率的设定通常是累进式的，大多数住宅公用消费用累进的方法定价，每单位价格随着消费增加而增加。我们的数据证实，消费水平驱动了住宅能源成本的大部分变化，数据显示，1993 年消费每变化 1 个百分点，成本则变化 5.4%，1997 年 5.3%，2005 年 6.8%，2009 年 6.7%（表 2，方程 7）。然而，确定公用事业费率的现行渐进办法似乎并不适用于农村家庭，特别是在住宅能源方面。尽管农村家庭在能源消费方面相对节俭，但农村家庭的能源成本高于城市家庭。毫无疑问，这对农村家庭来说是一个巨大的经济负担，并预示着严重的住宅能源获取风险和社会流动性风险。

至于其他类别的居住地，我们发现城镇和郊区居民在 1993 年和 1997 年的住宅能源成本也较高，但在 2005 年，这种差别便消失了，2009 年居住地类别则只有两类。什么能解释这种趋势呢？这可能表明城市优势随着时间的推移而下降。这一趋势可能最终导致郊区和城镇在 2005 年的统计上的不显著差异，以及农村和城市之间的成本差距在 20 年间的逐渐缩小。从 1993—2009 年，城乡居民能源消耗的差距缩小了 5 个百分点。从 1993 年开始，在以后的每一次调查中，观察到的城乡差距都略有缩小。另一种解释是，其他居住地居民只是在住宅能源成本方面赶上了城市地区。如果这一趋势继续下去，城乡居民在能源成本上的差异终将消失。

我们现在简要地评论模型中的其他控制变量。在所有 4 个模型中，住宅面积与住宅能源成本呈正相关，而住宅年龄与住宅能源成本呈适度的负相关（表 2，方程 7）。我们还发现，美国中西部、西部和南部的家庭在住宅能源上的花费明显低于东部，这表明东部地区的公用事业费率可能高于其他地区。对于人口统计学变量，我们发现家庭规模是住宅能源成本的一致预测因素（回归系数：1993 年样本为 0.04，1997 年、2005 年和 2009 年样本为 0.03）。数据还显示，1993 年，户主为女性的家庭在住宅能源上的支出比户主为男性的家庭高出约 2%，这种差异在随后的几年（1997 年、2005 年和 2009 年）并没有持续存在。家庭收入也是住宅能源成本的一致预测指标，在所有 4 个模型中，我们发现收入与住宅能源成本呈正相关，1993 年、1997 年、2005 年和 2009 年的样本，回归系数分别为 0.04、0.04、0.05 和 0.03。

五、结论与讨论

在本研究中，我们调查了基于地区的能源成本不平等，重点关注受访者的居住位置。这项研究更广泛的目标是想证明住宅能源成本领域是否也存在农村劣势。我们的研究代表了对长期以来的社会学研究传统（即强调美国农村与城市地区差距）的实质性延伸，也代表了社会不平等研究前沿的扩展——关注能源成本差异，而不是传统的种族、阶级和性别。

总体来说，研究结果表明，农村普遍存在的劣势确实延伸到了住宅能源的成本上。4 波 RECS 数据分析的结果表明，农村家庭的能源成本高于城市家庭（按居民能源年度支出衡量）。美国农村居民似乎并没有从广泛使用的累进式住宅公用事业费率设定中受益。

　　基于增长机器理论，我们曾预计，住宅能源成本将存在空间差异，农村地区在经济、制度和政治上的杠杆通常较少，情况相对较差。城市可以通过提供激励措施，或者利用其政治和制度影响力来吸引公用事业供应商，从他们那里获得更好的交易价格，以此追求增长和地位的维持或提升，但农村地区无法这样做。这与当地居民的福祉息息相关。相对便宜的公用事业服务可能是吸引更多公司和人员的一个卖点，它有利于地区的发展及其地位的维护或提升。

　　在经验上，我们的研究结果使大量文献的判断得以证实，这些文献表明，农村在幸福感指标的许多方面都存在明显的劣势。多年来，社会学家和其他相关科学家记录了农村地区在收入及其他方面的相对劣势，如贫困、工作机会、发病率和死亡率、教育水平、卫生保健服务。我们的研究为这一长期争论带来了关于农村劣势的另一个维度，即更高的住宅能源成本。

　　在宏观层面上，研究结果还预示着基于地域的不平等加剧的严重影响。农村地区能源成本的上升显著地减少了可支配收入，这可能会对农村居民在其他福利和社会流动性领域的投资产生负面影响。对于许多农村居民来说，住宅能源方面16%的额外支出的机会成本可能意味着以下一项或多项投资的放弃：（1）医生门诊，（2）儿童教育，（3）处方药，（4）信息和技术，（5）汽车修理，（6）兽医对生病的农场动物或宠物的护理，等等。这种投资的放弃不利于农村地区和人民的集体性向上社会流动。过多的农村劣势——包括本研究中强调的劣势——在许多方面导致了农村人口的长期持续下降和社区生存能力的丧失。

　　虽然我们的研究为社会学的空间不平等研究带来了一个重要的维度，但也存在一定的局限性。首先，这项研究并没有涵盖美国家庭使用的所有能源，尽管如此，也涵盖了3种最广泛使用的能源——电力、天然气和燃油。其次，研究中的主要自变量——居住位置——在RECS的4波调查中并不是以相同的方式测量的。然而，这一变量对住宅能源成本的影响以及其他6个内生变量在4个数据集上的一致模式表明，变量的各种测量方法都使用相同的维度，住宅区位效应的总体格局与理论和实证研究一致。最后，由于使用的数据中没有公用事业服务提供商的类型（投资者所有、市政的或农村合作社）这一变量，我们也无法进行更细致的分析。

　　总体而言，我们的研究表明，虽然农村家庭的住宅能源使用相对较少，但农村家庭在住宅能源上的支出比城市家庭更多。价格的上涨给农村家庭带来了巨大的能源获取风险，这也对农村地区和人民的集体性社会流动构成了重要挑战。考虑到能源不容易被其他东西取代，如果能源价格大幅上涨，政策制定者应该考虑对农村家庭提供一些援助。另外，各个国家级公用事业监管委员会应利用监管程序，寻求城乡居民能源成本的平等。实现这一目标的一种方法是，在实现价格平等之前，不批准农村地区能源价格的增长（或批准幅度较小的价格增长）。我们承认，过去几十年来，美国农业部的农村公用事业服务部（RUS）一直致力于促进农村地区获得基本服务，然而，目前的重点似乎只是放在提供这些服务上，而不是使其具有成本效益。

地区收入不平等、经济地位与绩效信念*

本杰明·J. 纽曼（Benjamin J.Newman）等　著

施颖婕**　译

一、研究背景

自 20 世纪 70 年代以来，美国社会的收入不平等日益加剧，这一趋势加上 2008 年金融危机等事件，重新激发了社会学者对社会不平等之于美国民众产生何种影响的兴趣。

然而，在关于社会不平等的现有研究中，一方面，学者主要关注总体的社会不平等造成的影响，包括不同时代、不同国家间的社会不平等程度及其影响的比较，而在很大程度上忽略了社会内部不同地区的收入不平等程度的分化：一些民众居住在财富分配相对均匀的地区，而另一些民众居住在财富分配高度不平等的地区，不平等程度的地区间分化使得国家或社会总体的不平等程度并不能代表个体在日常生活中的不平等暴露。目前，很少有研究基于上述地区层面探讨不平等程度的差异所产生的影响。

另一方面，既有研究主要集中于探讨社会不平等对民众之于政府再分配政策支持程度的影响。虽然这一研究焦点体现了理解社会不平等对公共政策的影响这一终极的研究目标，但是它忽略了一个极具政治重要性的中介变量，比如人们对社会经济系统是否公平的信念。过去的研究表明，人们所感

* Benjamin J. Newman, Christopher D. Johnston & Patrick L. Lown. 2015. "False Consciousness or Class Awareness? Local Income Inequality, Personal Economic Position, and Beslief in American Meritocracy", *American Journal of Political Science* 59（2）. Copyright ⓒ 2018 by John Wiley & Sons Inc. Reproduced with permission of John Wiley & Sons Inc.

** 施颖婕，复旦大学新闻学院，博士后。

知到的经济公平——通常是基于对个人经济成功和失败原因的信念——强烈地影响着他们对社会福利政策的支持。尽管社会不平等与民众再分配偏好之间的关系得到了非常充分的研究，并且人们对社会经济体系的公平信念也被发现是预测再分配偏好的重要因素，但关于社会不平等对人们公平信念影响的系统性研究却寥寥无几。

那么，个体在当地环境中所经历的经济不平等对其公平信念有何影响？在美国和其他以市场为基础的社会体系中，经济公平的意涵被浓缩在"绩效主义"这一概念中，即成功是基于个人的抱负、努力工作和能力。绩效主义分配原则通常被认为是美国政治理念的核心，也是其文化信念体系的核心原则，美国民众相信依靠自身努力或能力实现个人成就的这种绩效信念也被称为"美国梦""美国信条"或"美国精神"。在美国文化中根深蒂固的绩效信念，长期以来一直被学者视为使得公众在社会不平等的背景之下依然承认现有制度合法性的主要因素。

相比于既有研究对收入、教育和种族等个人层面的客观因素的重视，以及近期对人格研究的关注，本文关注人们绩效信念的宏观背景来源，并提出了"阶层冲突激活理论"。我们认为，与收入分配相对平等的环境相比，居住在高度不平等的环境中会强化经济比较，并凸显个人的相对经济地位，从而使公众的绩效信念发生基于个体经济地位的两极分化。

具体而言，对于美国的低收入人群，暴露于高度不平等的环境会愈发凸显他们在当地经济层级结构中的弱势地位，从而激化其对绩效信念的排斥，本文将之称为"幻灭激活假设"。而对收入较高的美国人而言，生活在高度不平等的环境中将增强其绩效信念，从而捍卫和合理化他们的地位以及赋予他们优势地位的这种社会体系，我们将其称为"忠诚激活假设"。因此，我们预期，在美国，相比于收入高度不平等的地区，在收入分配更为平均的地区，个人经济地位对绩效信念的影响会小很多。

二、美国民众的绩效信念

在美国社会，政治社会化和流行文化在向公众灌输对资本主义的支持和绩效信念方面发挥了强大的作用。与许多欧洲国家相比，美国人似乎有一种明显的倾向，即认为个人对自己经济上的成功与失败负有主要责任。然而，过去30年的调查数据揭示出美国公众对绩效统治的态度其实存在差异和矛盾。比如，克鲁盖尔和史密斯（Kluegel & Smith）发现，大多数美国公民在认同努力等绩效因素对个人成就的重要性的同时，也认为运气和家庭出身是个体取得成功的重要因素；皮尤研究中心 1994 年的"政治新格局调查"和 2012 年的"价值观调查"分别显示，高达 39% 的美国人同意"努力工作并不能保证成功"，有 35% 的人同意"生活中的成功很大程度上是由我们无法控制的外部因素决定的"。在试图分析这种差异的来源时，现有文献主要从个人层面进行解释，其中，个人的社会经济地位是大多数理论的中心。然而，在对社会经济地位与绩效信念之间关系的不同预测中，既有相关研究存在着一种有趣的拉锯关系。

理性选择观念和经济利己主义认为，在经济分层社会中，收入高的人比收入低的人更有可能捍卫现有的经济制度，因为他们个人从中受益，并希望这种经济制度得以延续；而低收入群体会反对这种分配体系，并接纳对系统合法性形成挑战的信念，这种信念构成了支持改革与再分配政策的基础。收入和绩效信念的这种关系构成了传统马克思主义理论和当代现实主义群体冲突、相对剥夺和社会支配理论所预期的基于现实利益的"阶层冲突"概念的关键。上述理论的预期得到了实证研究的支持，相关研究证明，低收入公民比高收入公民更少感知到经济发展中的普遍机会与个人机会，相反，他们更有可能认为自己是外部壁垒的受害者，更可能把经济上的成功归因于结构而非个人。

与上述观点相反的是源自新马克思主义理论的"意识形态霸权理论""虚假意识理论"以及学界近年来提出的"系统正当性理论"。这些理论预测，尽管低收入群体在社会阶层结构中不占据优势地位，但是与"利己理论"认为他们会因自身不利地位而反对绩效信念、挑战经济不平等这一推断相反，低收入群体仍然会赞成当今社会是一个绩效分配的社会。"意识形态霸权理论"和"虚假意识理论"都认为，在社会中占据主导地位的阶层会持有并传播有利于自身的信念，并使其成为一种社会共识从而形成某种现实表征，这种现实表征会掩盖和模糊下层阶层成员的从属地位及其被剥削与被统治的事实。人们对于这些促进主导阶层利益的思想的内化，使社会制度与分配不平等得到了合法化和再生产，从而给下层阶层带来进一步的不平等和物质剥夺。作为这些理论的补充，"系统正当性理论"认为，个体普遍拥有一种心理需求，即认为世界是可预测的和公平的，而不是反复无常的，因此，对于经济上处于不利地位的公民，参与"制度辩护"能够提高他们对自身状况的满意度，从而起到一种心理调适功能。

与理性行为者和利己理论相反，这些理论都认为个人收入在构建绩效信念方面的作用微不足道，因为低收入公民与高收入公民对社会系统是否符合绩效主义原则会持一致的观点。同时，政治学研究中的普遍发现强化了这一观点，即在塑造个人的政治行为和政策偏好方面，经济利己主义往往只起很小的作用。简而言之，现有文献中对绩效信念的来源存在相反的理论观点与相互冲突的经验证据，尤其是在个体经济地位的影响方面。

三、地区收入不平等与被激活的阶层冲突

我们试图通过发展"阶层冲突激活理论"来解决上述相互冲突的观点。该理论试图论证：个人的客观经济地位确实影响了他们的态度，但是这些基于地位的影响仍然处于"潜在观念"（latent opinion）的状态，需要某种情境来激活它们。这一理论可以调和经济学与心理学理论关于个人收入对绩效信念的影响的争论。根据我们的理论，地区收入不平等会加剧人们的相对经济比较以凸显个人的相对经济地位，从而激活这些潜在的态度，因此，在收入不平等程度较高的地区，低收入和高收入公民将在他们对当今社会绩效程度的信念中呈现两极分化。

（一）经济地位下的潜在观念

长期以来，政治学家一直对个人经济状况（例如经济困难和失业）在塑造政治态度和行为方面所起的作用感兴趣。政治学家普遍认为，公民的经济地位和相关的个人利益在塑造他们的态度或行为方面几乎没有起到作用。然而，在上述研究的基础上，一些研究发现，个人的经济经历与政治的联系可以由媒体报道、媒体启发和个人所处地区的经济背景触发。本文认为，与个体经济地位相关的经验和利益产生的思想活动可以被概念化为"潜在观念"，它一直处于

休眠状态，直到被一种促成因素、事件或情境触发，将其在政治领域中激活。

（二）作为情境触发因素的地区收入不平等

我们有充分的理论依据去相信，公民所在地区的经济不平等程度会作为情境触发因素，将个人经济地位在其绩效信念中的作用引发出来。地区的收入不平等程度决定了当地民众暴露于收入不平等环境的程度差异，它导致了不同地区背景下相对经济比较和个人自身相对经济地位的凸显程度两方面的分化，从而扮演了"触发器"的作用：在收入分布较均匀的、相对平等的环境中，居民一般会觉得现有的收入差异不那么突出；然而，在经济不平等程度较高的地区，高低收入者之间的差距更大，居民会更明显地意识到经济层级制度，以及自己在这个层级制度中的位置。这一逻辑表明，与生活在收入不平等程度较低地区的低（高）收入群体相比，生活在收入不平等程度更高地区的低（高）收入群体会更加意识到他们是"穷人"（"富人"），而且他们周围的人比自己做得好（差）得多。简而言之，高度不平等的情况可能会通过诱导"对比效应"（contrast effect）而增强阶层意识。在这种情况下，由于可以通过日常观察和比较而获得更多极端的经济对比，不同收入公民对自己地位的感知会得到强化。通过增加经济差异的显著性，地区不平等会引入一种激励——这种激励在相对平等的环境中是不存在的——而将公民基于阶层的经验和对经济体系公平性的潜在观念具体化为一种明确的态度，并且这种激励在不同收入的民众中有所区别。

（三）被激活的幻灭感与忠诚感

由于经历过的现实困难和对经济的不满，低收入公民可能对分配公平和成功具有潜在观念，并最终将分配结果归因于外部因素。但是，在缺乏情境触发的情况下，这种对社会绩效程度的质疑可能处于休眠状态。而当本地的社会不平等程度较高时，低收入群体的相对剥夺感会被强化，他们的自我满足会遭遇威胁，他们会意识到自己身处社会等级的底端，在这种情况下，会对于上述潜在意识产生激励。这些穷人和富人同处一地，会不断提醒他们两者在物质和社会上存在的差异。这些经历会促使低收入群体进行自我辩护，这是一种为了修复与（或）保护自尊的动机性社会认知。穷人可能会把弱势地位看作超出自己控制的外部因素的反映，而不是个人缺陷或缺点的反映。这种外部因素可能包括运气不好、机会不足、结构性障碍，或者更普遍的不公平的经济体系。接受这些信念构成了对绩效信念的反对，以及直接挑战主导意识形态的"对立意识"的形成。据此，我们提出"幻灭激活假设"：

在低收入的美国人中，生活在收入高度不平等地区的人比那些生活在收入较平等地区的人更倾向于拒绝绩效信念。

另一方面，与经济阶层较低人群的经历相反的是经济阶层较高人群的经历。我们的理论框架表明，与生活在相对平等环境中的富裕公民相比，那些生活在高度不平等环境中的富人会更敏锐地意识到自己的相对优势，同时更清楚地意识到经济剥夺和贫困的存在。当然，面对显著的不平等，高收入群体可能会因为自己的优势而产生消极的情感状态，如失调或内疚。然而，高收入群体对收入不平等的潜在负面感受与一种基于自我利益的动机共存，这种动机是为了维护自己的优势地位与提供这种优势的经济体系。因此，在高度不平等的情况下，高收入公民可能会坚定捍卫经济体制的正当性与绩效信念，从而在消极情绪的消解与按照自身经济利益行事之间达成协同。基于上述分析，我们提出"忠诚激活假设"：

在收入较高的美国人中，生活在收入高度不平等地区的人比那些生活在收入较平等地区的人更有可能支持绩效信念。

上述两个假设说明了阶层冲突的激活过程，不断加剧的地区收入不平等导致不同收入公民的绩效信念出现两极分化。通过确定不同收入公民支持或拒绝绩效信念的条件，这一理论框架解决了利己理论和虚假意识理论之间现存的对立关系。

（四）触发情境的种族异质性

先前的研究表明，在白人和少数族裔之间存在着公众舆论上的"种族差异"，这种差异既包含经济、社会和政治观念方面的区别，也有形成这种倾向的影响因素方面的不同。与美国白人相比，少数族裔对经济机会的存在明显不那么乐观，而对福利提供则明显更为支持。与之相呼应的是，先前的研究发现，在各种政策问题上，宏观层面的背景因素和微观层面的个人因素对大众意见的影响存在种族异质性。简而言之，少数族裔身份和在少数族裔城区的群体经历会强化人们对分配不公平的感知，因此，我们不仅需要解释绩效信念的群间差异，也要关注不同个体经济地位与经济环境对绩效信念的影响在白人和少数族裔间的潜在分化。

四、研究方法

本文的研究数据源于美国皮尤研究中心进行的相关调查：（1）2005 年新闻兴趣指数民意调查（N=1 502），（2）2006 年移民调查（N=2 000），（3）2007 年价值观调查（N=2 007）和（4）2009 年价值观调查（N=3 013）。合并数据包括来自 1 844 个县、48 个州和哥伦比亚特区的受访者。考虑到我们预期白人和少数族裔具有观念异质性，我们将合并后的样本分为非拉美裔白人受访者和少数族裔受访者。

本文探讨的核心内容是绩效信念，它代表相信社会系统会根据个体的抱负、努力和能力施以回报，个体能够通过上述自致性因素实现成功；与此同时，绩效信念也意味着反对个体的财富和成功是由超出自身所控的外部因素决定的，比如好运、继承的特权和资源、政治关系和其他形式的结构性优势。既有研究通常采用人们对一些项目是否决定经济财富和成功的看法——尤其是努力的重要性——来测量人们的绩效信念。参照上述研究，我们用 2005 年和 2006 年皮尤调查数据中的下述访题来测量绩效信念，即让受访者从下面两项中选择更接近自己观点的一项陈述："大多数人能通过努力工作实现成功"与"对大多数人而言，努力工作和决心并不能保证获得成功"。我们根据这一访题的回答构造了一个二分变量，将同意前一种陈述赋值为 0，将同意后一种陈述赋值为 1。对 2007 年和 2009 年数据采取的测量方法与之类似。

由于本文的因变量是二分变量，因此我们利用对合并数据的多层 logistic 回归模型分别检验白人和少数族裔的绩效信念与地区收入不平等、个体社会经济地位之间的关系。此外，鉴于 2006 年的调查包含了人们对客观经济层级、收入不平等和主观阶层地位等问题的感知，本文采用这一数据检验"阶层冲突激活理论"的两项预设机制。

五、研究结论

对合并数据的多层 logistic 回归检验（详见表 1）发现，在白人群体中，富人和穷人之间意识形态上的阶层冲突的发生，是以当地环境中明显存在的收入不平等为条件的：在一些财富相对平均的地区，高收入和低收入的公民对"美国梦"的认同相似，这种趋同在以往研究中经常被解释为较低阶层群体的"虚假意识"；而在收入高度不平等的背景下，不同经济阶层的人在绩效信念上存在显著的分歧与冲突。

表 1　地区收入不平等、个体社会经济地位与反对绩效信念的回归检验

	白人		少数族裔	
混合效应				
县级层面				
基尼系数	1.708*	（0.782）	−0.082	（0.227）
家庭年收入中位数	−0.512*	（0.249）	−0.008	（0.076）
黑人比例	−0.360	（0.275）	0.013	（0.067）
总人口	−0.128	（0.266）	0.019	（0.055）
2004 年总统选举中投票给布什	−0.175	（0.306）	0.168	（0.091）
个体层面				
收入	−0.087	（0.516）	−0.187	（0.170）
年龄	−0.001	（0.002）	0.000	0.000
性别	0.022	（0.065）	0.033	（0.020）
受教育程度	−0.656***	（0.134）	−0.100**	（0.041）
政党认同	−0.770***	（0.101）	−0.121***	（0.033）
意识形态保守程度	−0.495**	（0.157）	−0.029**	（0.041）
宗教参与	−0.231*	（0.106）	−0.018	（0.033）
工会成员	−0.158	（0.092）	0.013	（0.030）
无业	0.114	（0.084）	0.005	（0.030）
跨层交互作用				
基尼系数 × 个体收入	−2.682*	（1.184）	−0.002	（0.357）

续表

	白人		少数族裔	
调查控制				
2006 年调查	0.028	（0.093）	0.013	（0.032）
2007 年调查	−0.994***	（0.098）	−0.113***	（0.098）
2009 年调查	−0.880***	（0.088）	−0.150***	（0.088）
常数项	0.707	（0.420）	0.677***	（0.133）
随机效应				
收入		0.000		0.066
县（截距）		0.000		0.035
似然比检验		0.000		0.164
个体层次样本量		6 346		2 062
县级层次样本量		1 688		698

注：*$p<0.05$，**$p<0.01$，***$p<0.001$。

通过绘制对不同的地区不平等程度下收入水平排在前 5% 与后 5% 的群体反对绩效信念的概率预测，图 1 更为直观地呈现了地区不平等对美国白人绩效信念的阶层分化效应：随着地区收入不平等程度由低转变为高，底层收入群体反对绩效信念的可能性增加了 0.08，而顶层收入群体反对绩效信念

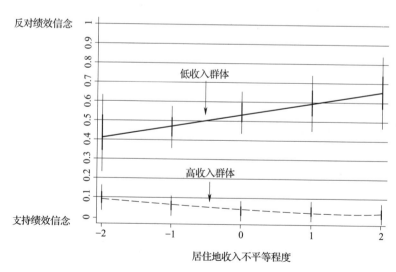

图 1　地区不平等对美国白人绩效信念的阶层分化效应（2005—2009 年）

的可能性下降了 0.06；同时，在低度不平等环境中，不同收入的阶层都忠诚于"美国梦"，但在高度不平等环境中，两类群体反对绩效信念的可能性呈现出较大差异。

然而，另一方面，居住地的社会不平等程度这一情境的触发作用存在显著的种族差异。具体而言，尽管两个假设在白人样本中都得到了验证，但是这种被社会高度不平等激活的阶层冲突过程似乎并不适用于少数族裔。相比于对居住地区收入不平等程度的不敏感，少数族裔的绩效信念受到当地主导性政治文化的显著影响，居住在一个更保守的政治环境会加剧少数族裔对绩效主义意识形态的排斥。

少数族裔的绩效信念之所以不受个体经济地位与地区收入不平等程度的影响，可能是因为在美国社会的种族歧视经历和下层地位改变了其公平感知背后的动力，从而导致他们对个人和经济环境波动的反应比白人更弱，而对群体身份和其他环境条件（如政治气候）的变化反应更强。当生活在政治环境更为保守的地区时，少数族裔会倾向于认为非绩效因素决定了个人成败。可见，地区的宏观特征会触发个体的"对立意识"，并且，在不同的种族中扮演"触发器"的地区特征类型存在差异：对白人来说，地区的经济不平等状况是一个触发因素，但自由派与保守派何者在当地政治观念中占主导地位对人们的绩效信念没有影响；而对黑人来说，当地保守主义理想（例如，颂扬个人的主动性、谴责懒惰）的泛滥可能使得种族歧视经历和下层社会地位能够有效地唤起"对立意识"。因此，我们认为未来应该对这些类型的种族差异展开进一步的研究。

最后，除了验证"幻灭激活假设"与"忠诚激活假设"这两项核心假设及触发情境的种族异质性，本文还验证了"阶层冲突激活理论"预设的两项机制：其一，高度不平等的生活环境会强化人们对经济状况的参照比较；其二，高度不平等的生活环境会凸显个体在经济等级系统中的相对位置。地区的不平等程度与个体对经济阶层分化的感知存在显著的正相关，同时，随着地区收入不平等程度的上升，低收入和高收入群体的主观经济阶层的分化会增强。

六、结论与讨论

自20世纪60年代末以来，经济不平等现象一直在加剧，尤其是世纪之交以来，经济增长速度急剧加快。2012年，美国的经济不平等程度终于超过1928年创下的历史最高水平。在过去10年里，伴随着贫富差距的不断扩大，一系列社会事件表明了金融体系的严重裂缝：大规模的抵押贷款违约、主要金融机构破产、备受瞩目的企业丑闻、用纳税人的钱对华尔街进行大规模救助以及整体经济衰退。在对这些事件的回应中，整个国家和国际社会都目睹了公众对金融部门的强烈反对，这在"占领华尔街"运动中得到了体现。"占领华尔街"运动强调了社会不平等，并将美国政治经济体系的公平性问题推入主流政治话语。上述一连串的事件重新激起了学术界关于不平等的重要性、不平等对公众舆论和政策制定的影响，以及它对美国政治体系更为深远的影响等的争论。

在政治学文献中存在两种对立的观点，一种强调民主和政府政策对社会不平等的影响，另一种强调资本主义与社会不平等的关系。"再分配民主理论"认为，在民主政体下，占选民主体的中低收入公民可以通过参与选举来影响政府政策，从而实现收入的再分配，因此，民主政治为"纠正"市场体系导致的社会不平等创造了机会。基于这一观点，不平等与再分配之间的关系应该随着时间的推移而自我修正：随着不平等的扩大，对再分配的需求也会增加。与之相反，"不平等民主理论"认为，正是在民主社会中，富人对政府政策的过度影响促使美国收入不平等持续加剧，因此，日益严峻的社会不平等与穷人在政治上的边缘化，可能标志着资本主义已经在美国社会战胜了民主。

相比于"不平等民主理论"，"再分配民主理论"似乎缺乏相应的实证依据，即社会不平等程度的上升会强化民众的再分配需求。事实上，面对过去30年来不断加剧的社会不平等，美国公民显然并没有做出回应要求政府加强再分配：政治学的相关主要研究表明，在过去的半个世纪里，美国总体不平等的加剧与公众对再分配的低支持度而非高支持度有关。同时，其他研究进一步支撑了上述发现：过去 30 年的民意研究表明，经济利己主义在构建公民政策偏好或投票行为方面几乎没有作用，即使经济利益在少数情况下确实产生了作用，也被证明它仅仅在有限的条件下才会产生影响。而为了回应"再分配民主理论"观点对美国民众之于社会不平等态度的预测失灵，相关学者强调，在美国，人们所习得的意识形态的普遍性及其力量降低了中低收入群体对再分配政策的支持，虽然他们本可以从再分配政策中获得经济利益。

　　本文对上述学术争议作出了回应与调和——"再分配民主理论"中的纠正机制确实会产生作用，但这种作用只在比以往学者定义的更为微妙的个人和环境条件下才会发生。随着贫困人群在当地环境中面临的经济不平等程度的加剧，他们反对绩效信念的倾向也在加剧。鉴于上文的研究发现，较低的绩效信念与支持再分配之间存在联系，因此，这种绩效信念的幻灭过程可能在鼓动穷人在不平等情况下要求政府进行再分配中扮演了重要的中间角色。本文的研究结果说明，地区经济不平等与个体在经济层级中的较低地位是"再分配民主理论"的纠正机制最终实现的关键条件。然而，在收入分配比较平等的环境下，由于缺乏显著的不平等作为触发因素，因此会如"不平等民主理论"所预期的那样，穷人认为系统是公平的，相信任何人只要努力工作就能成功，从而对再分配的支持程度会较低。

拉丁美洲的社会资本、收入不平等
与健康分层 *

纳塔利娅·文森斯（Natalia Vincens）等　著

杨宗 ** 译

　　拉丁美洲是世界上社会经济不平等程度最高的地区，近年来，随着"2015 年后可持续发展议程"（The Post-2015 Sustainable Development Agenda）的提出，拉美地区的健康不平等问题受到了广泛关注。泛美卫生组织（The Pan American Health Organization）认为，健康平等是该地区实现可持续发展的基本要求，他们主张保障好广大人民的健康权利、扩大健康事业的覆盖面，并且将健康议题渗透到方方面面，以此来解决健康不平等问题。此外，2016 年 5 月，泛美卫生组织还成立了美洲健康不平等问题高级委员会，重点是要在该地区收集资料，以期提出有针对性的建议来解决这一问题。

　　过去 30 年来，拉美地区人民的总体健康状况得到了改善，这使得预期寿命显著提高、婴儿死亡率出现下降。尽管如此，国家之间与各国内部的健康仍然存在着不平等，而且独立于评定社会阶层的各个指标，例如，收入、教育、种族或者肤色。对社会经济地位各个指标的分析能够反映该地区权力分布和社会分层中的多元机制，这些机制进一步受到更广泛的情境性因素的影响，例如社会资本和收入不平等。

---

* Republished with permission of *Elsevier Science & Technology Journals*, from Natalia Vincens, Maria Emmelin & Martin Stafström.2018. "Social Capital, Income Inequality and the Social Gradient in Self-Rated Health in Latin America: A Fixed Effects Analysis", *Social Science Medicine* 196; permission conveyed through Copyright Clearance Center, Inc.

** 杨宗，上海社会科学院社会学研究所，硕士毕业生。

在过去的 20 年里，拉美国家经历了国民经济的快速增长、收入不平等的缓解和社会投资的增加，但对于这种发展对健康分层所产生的影响，以及社会资本在其中扮演的角色，人们知之甚少。哪些群体受收入不平等和社会资本的影响最大？对此展开调查有助于阐明造成健康差异的潜在机制。本研究的总体目标是探究拉美国家的社会资本和收入不平等对健康分层的调节作用。具体来说，控制国家层面的异质性，验证社会经济差异和自评健康之间的关系，并且探讨个体、集体层面的社会资本和收入不平等在多大程度上改变了这种关系。

一、理论框架

近几十年来，在探究群体内部和群体之间的健康差异时，"社会资本"这个概念经常会引起争议。本文将"社会资本"理解为个人和集体的资产，这可以避免概念在研究过程中呈现出不同层次上的差异，并且表明个体可以从他们自己的社会资本中受益，社会也可以从个体的协调行动所产生的集体盈余中受益。罗斯蒂拉（Rostila）在多种社会资本理论的基础上，提出了以资源为基础的认识角度（resource-based approach）：对个人和社会来说，社会资本源于信任和互惠的社会关系，这种社会关系能够产生社会资源。个体和集体社会资本的来源是相同的，但是产生的资源和影响健康的机制有所不同。在个体层次上，那些资源可能是信息的、情感的、工具性的或者评价性的支持。在集体层次上（在本文中具体指国家层次），资源不是排他性的，而是旨在实现一个共同目标，它可以带来实际的回报（例如更好的政府绩效）或者情感性的好处（例如社会包容）。

个体和集体社会资本都可以进一步划分为结构型和认知型。结构型社会资本指的是网络和机构中的基础设施、组成成分以及成员参与；而认知型社会资本是指对规范、价值观和态度的感知，例如信任和互惠。普特南（Putnam）基于结构型和认知型因素之间强有力的正相关关系来定义社会资本，但是很多学者没有发现这种相关性。有观点认为，结构和认知维度的社会资本通过各自不同的路径来影响健康。例如，它们可能分别通过社会支持和心理作用对个体的健康产生影响。一般来说，在高收入国家，集体社会资本和个体社会资本都与更高的健康水平联系在一起。虽然对拉美国家的社会资本和健康的研究相对来说比较匮乏，但在该地区，更多的社会资本似乎也与更好的健康状况相关。问题在于，这一地区的社会资本是否使社会内部以及不同社会之间的个体都同等地受益？

一个可能的假设是，社会经济地位会影响社会资本对健康的作用。社会经济地位对健康的影响是"地位综合征"（status syndrome）的一种结果，在这种情况下，相对劣势和社会比较会对个体产生长期的压力，而社会资本可以通过不同的社会资源帮助个体减轻压力。一些研究表明，社会资本能够减缓健康的分层效应，然而，大部分证据支持经济、文化和社会资本之间存在依赖关系，即社会经济地位更高的人拥有更多的个体社会资本。此外，研究发现，在集体社会资本更多的环境中，较少的个体社会资本对健康的危害更大。

社会资本对健康的影响也取决于收入不平等的程度。一篇系统的综述性文章表明，在收入不平等程度更高的社会中，社会资本对健康的影响更大。在这种情况下，安全网的供给水平比较低，社会资本也就显得更为重要。学者们已经提出几种机制来解释收入不平等和健康之间的关系：第一，基于新唯物主义的解释，认为由社会提供给个人的物质资源能够解释这种关系；第二，在一个分层明显的社会中，严重的"地位综合征"会带来社会比较的压力；第三，通过侵蚀社会资本，导致社会排斥、社会隔离和敌意。根据斯瑞特和伍尔考克（Szreter & Woolcock）的说法，虽然这些机制被认为是独立和不兼容的，但是社会资本弥合了这些争论，整合了新唯物主义和心理学的解释。

二、研究方法

（一）研究总体

本文使用了公开可获得的横截面数据——第六轮世界价值观调查（World Values Survey）和世界银行的世界发展指数。世界价值观调查使用相同的入户面访问卷，用各国母语对在农村和城市地区通过分层概率抽样获得的成人样本（18岁以上）进行调查。我们对个体数据进行加权，以便获得每个国家更具代表性的成人样本。各国的抽样和调查程序是相同的。在 2010—2014 年间，世界价值观调查在如下拉美国家进行了数据收集：阿根廷、巴西、智利、哥伦比亚、墨西哥、厄瓜多尔、秘鲁和乌拉圭。如果结果变量存在缺失值，我们会将样本删除。最后，我们的样本包括 8 个国家的 10 426 名受访者。

（二）测量

结果变量自评健康用世界价值观调查中的以下问题来测量："总体来说，您会怎样描述您最近的健康状况？"该问题有四个答案：差、一般、好与非常好。根据过去的研究，我们将这个变量二分为"差"（差或一般）和"好"（好或非常好）两类，我们关注"好"的自评健康。自评健康是客观健康的一个有效测量指标，一直与总体死亡率和发病率相关。

本文用教育作为社会经济地位的指标，因为它反映了早期生活环境的影响，也对成年时期的资源具有长期影响，例如收入和就业。受教育程度被分为低（中学以下）、中（中学毕业）和高（中学以上）。

社会资本是在个体和集体的层次上分别进行测量的。本文基于以往文献，并且根据结构型社会资本和认知型社会资本的构成，从世界价值观调查中选取了我们认为与社会资本概念相关的 43 个问题。进一步，我们把这 43 个问题分解成 8 个理论上相关的变量。为了进一步减少变量数，我们进行了主成分分析，使得成分之间存在理论相关性的斜交旋转，并且把因子载荷量为 0.3 及其以上的项目保留，删除在 2 个或更多的成分中具有高因子负荷的项目。因此，我们在主成分分析中获得了 4 个变量：广义信任和邻里信任为认知型社会资本的指标，社团的成员身份和公民参与是结构型社会资本的指标。本研究将这 4 个变量作为个体社会资本的指标，计算出每个国家这些变量的平均值，以此来测量集体社会资本。

本文使用基尼系数这个被广泛应用的指标测量社会经济不平等。世界银行的基尼系数建立在家庭收入分布的基础上，取值范围从 0—100，0 意味着绝对平等，100 是绝对不平等。这里使用的基尼系数基于市场收入（税前和再分配之前），忽略了政府在收入再分配中的作用，而拉美国家的政府再分配相对来说也比较弱。为了考虑时期效应，基于数据的可得性，我们使用了

2000/2001—2013/2014 年的平均基尼系数。

在个体层面，我们还加入了一些人口特征变量作为控制变量。性别分为男和女，年龄分为 18—34 岁、35—64 岁和 65 岁及以上 3 个类别。婚姻状态划分为无伴侣生活和与伴侣共同生活，前者包括分居、离婚、丧偶、单身，后者包括已婚和同居。受访者将其家庭收入与本国其他家庭进行比较得出评级（1—10），然后我们将评级简化为 5 类，每个类别包括 2 个分值。

（三）统计模型

本研究采用固定效应的 Logit 模型来控制未观测到的具体国家的异质性。与最小二乘回归模型相比，固定效应模型假定残差在国家内相关，即观测值不是独立的，所以它能够得到正确的估计。此外，我们使用了聚类稳健标准。虽然本文关注二级变量（国家层面的社会资本和不平等）对一级结果的影响，但二级变量的样本（$N=8$）偏小会导致多层次模型的估计有偏。因此，我们主要使用跨层次的交互项来评估特定情境对健康分层的调节效应。

本文分别报告了国家和个体层面的描述性统计结果。我们通过汇总的百分比、总体均值和标准差呈现国家层面的各个指标，并且使用相关系数来评估变量间的关系。在个人层面，我们根据自评健康的状况给出各种变量的分布情况，并对各变量与良好自评健康之间的关系进行粗固定效应估计。在多变量分析中，我们首先使用个人层面的特征并加入其他社会人口学变量拟合模型 1，以此来探究教育和健康之间的关系。在模型 2 中，本文进一步评估了个体社会资本对这种关系的影响。在模型 3 中，我们考察了个体社会资本与教育水平的交互效应。在模型 4 中，我们纳入了教育和集体社会资本的跨层次交互项，以此来探究集体社会资本的不同指标是否以及如何调节教育与健康之间的关系。在模型 5 中，我们通过教育、集体社会资本和基尼系数的三元交互项来评估社会不平等的影响。最后，我们将固定效应的结果表示为带有 95% 置信区间的优势比（odds ratio），模型拟合通过贝叶斯信息准则进行评估。

三、分析结果

如表 1 所示，每个国家的样本数从智利、乌拉圭的 999 人到墨西哥的 1 999 人不等。除了秘鲁，在所有的国家中，报告良好自评健康的受访者比例都在 70%—80% 之间。在秘鲁，这一比例仅为 54%。各国基尼系数基本都在 50 以上，这显示出该地区存在高度的不平等。由于国家一级的样本规模较小（$N=8$），因此在国家层面，大多数变量间的相关系数在统计上并不显著，但广义信任与基尼系数呈负相关，社团成员身份与基尼系数正相关。

表 1　国家层面的变量分布情况（百分比和标准差）

国家	N	良好的自评健康（%）	低教育水平（%）	基尼系数	社团的成员（%）	公共参与（%）	广义信任（%）	社区信任（%）
阿根廷	1 024	74.02	30.35	51.06	32.32	32.71	23.11	71.44
巴西	1 485	70.51	45.30	59.33	60.94	52.12	6.58	54.27
智利	999	72.77	24.41	55.22	46.75	39.04	12.78	66.29
哥伦比亚	1 511	76.11	30.69	58.68	65.59	42.09	4.13	50.53
厄瓜多尔	1 202	74.04	42.32	56.38	23.29	19.97	7.17	48.96
墨西哥	1 999	72.74	32.21	51.87	56.28	32.67	12.43	48.40
秘鲁	1 207	54.27	26.28	50.93	38.36	37.28	8.21	33.42
乌拉圭	999	80.48	56.05	44.39	27.13	33.13	15.27	69.29
总计	10 426	71.79	35.69	53.85	46.36	36.53	10.65	53.84
标准差		(6.86)	(9.44)	(4.43)	(15.04)	(8.76)	(5.38)	(11.25)

总体来说，在个人层面存在这样一个趋势，即自评健康为良好的比例随教育和收入水平的提高而增多。相较于女性，有更多的男性报告良好的健康水平。随着年龄的增长，自评健康为良好的比例呈现下降的趋势。相较于和伴侣生活在一起的人而言，有更多的独居者认为他们的健康状况良好或很好（但在调整后的模型中，并不具有统计显著性）。受教育程度最高的群体和最年轻的群体报告良好健康的优势比最高，其他社会人口学变量与自评健康都

呈现出很强的粗关联，而且存在统计上的显著性。相对于拥有较少社会资本的人来说，个体社会资本越多的人越有可能报告良好的自评健康。粗优势比显示出，所有的社会资本指标与良好的自评健康都存在正相关，且具有统计显著性。在这些指标中，拥有广义信任的个体报告自评健康为良好的发生比最高。

如表 2 所示，在多变量分析中，与受教育程度较低的个体相比，受过中等和高等教育的个体自评健康为良好的发生比较高。对受教育程度较高的人群来说，其自评健康的优势在加入其他社会人口学变量后有所下降（见模型 1），这表明年龄、性别和收入对健康存在影响。从表 2 中教育优势比的变化可以看出，个体社会资本对教育水平和自评健康之间的关系影响较小（高教育程度的优势比仅从模型 1 的 3.44 下降到模型 2 的 3.27）。但考虑到社会资本的分布按受教育程度呈现出显著的差异，我们也进行了效应的修正分析。

表 2   良好自评健康的 Logit 模型

	模型 1 控制社会人口学特征优势比（95%CI）	模型 2 控制个体社会资本优势比（95%CI）
受教育程度		
低	1	1
中	1.90（1.60—2.26）	1.92（1.62—2.29）
高	3.44（2.56—4.64）	3.27（2.40—4.45）
社会资本		
社团的成员身份		1.18（1.07—1.31）
公民参与		0.99（0.86—1.15）
广义信任		1.37（1.16—1.61）
邻里信任		1.29（1.20—1.38）
常数项	0.69	0.52
观测数	9 911	9 659
伪 R^2	0.12	0.12
对数似然估计	−5 181.78	−5 026.41
BIC	10 427.98	10 117.05

　　表 3 中的模型 3 显示，教育和个体社会资本各指标的交互项都不显著，反映出教育和个体社会资本对健康缺乏交互作用。模型 4 加入了教育和集体社会资本的跨层次交互项。在图 1 和图 2 中，我们以受教育程度高的群体为参照组，呈现了受教育程度与国家层面社会资本（社团成员身份、公民参与、广义信任、邻里信任）交互作用的平均边际效应。平均边际效应是指随着交互作用的变化，自评健康为良好的概率的变化。我们发现，国家层面的社团成员身份和公民参与对受教育程度与健康的关系没有显著影响（见图 1），而国家层面的信任则调节了受教育程度与健康之间的关系。在某种程度上，一个国家的信任水平越高，受教育程度较低的人自评健康为良好的发生比就越大。此外，与邻里信任相比，广义信任对健康分层的影响更大（见图 2）。在模型 5 中，我们还根据受教育程度、集体社会资本与收入不平等的三元交互，将受教育程度较高的个体和不平等程度较高的国家作为参照组，考察了收入不平等是否会影响集体社会资本和健康分层之间的关系（为了更好地说明这种作用，我们基于中位数将基尼系数划为高和低）。在收入不平等程度和个人受教育水平都比较低的情况下，国家层面的广义信任具有显著的正向作用。这说明，在收入不平等程度较低的国家，广义信任程度越高，受教育程度较低的个体自评健康为良好的发生比就越大。此外，我们也利用交互项来评估收入不平等和国家层面的邻里信任、社团成员身份和公民参与对自评健康的影响，但这些交互项均不显著。

表 3　良好自评健康的交互项模型

	社团的成员 身份优势比 （95%CI）	公民参与 优势比 （95%CI）	广义信任 优势比 （95%CI）	邻里信任 优势比 （95%CI）
模型 3				
交互项				
低等教育程度 × 个体社会资本	1.00	1.00	1.00	1.00
中等教育程度 × 个体社会资本	1.11 （0.90—1.37）	0.90 （0.72—1.13）	1.1 （0.76—1.62）	1.09 （0.88—1.34）
高等教育程度 × 个体社会资本	0.84 （0.62—1.15）	1.05 （0.77—1.44）	1.19 （0.73—1.94）	1.14 （0.84—1.54）

续表

	社团的成员身份优势比（95%CI）	公民参与优势比（95%CI）	广义信任优势比（95%CI）	邻里信任优势比（95%CI）
模型 4				
跨层次交互				
高等教育程度 × 集体社会资本	1.00	1.00	1.00	1.00
中等教育程度 × 集体社会资本	1.00（0.99—1.02）	1.00（0.99—1.02）	1.04（1.01—1.08）	1.02（1.01—1.03）
低等教育程度 × 集体社会资本	0.99（0.98—1.00）	1.00（0.98—1.02）	1.07（1.04—1.10）	1.03（1.01—1.04）
模型 5				
三元交互				
高等教育程度 × 集体社会资本 × 基尼系数	1.00	1.00	1.00	1.00
中等教育程度 × 集体社会资本 × 基尼系数	0.99（0.97—1.02）	0.87（0.79—0.96）	1.08（1.00—1.17）	1.02（0.98—1.06）
低等教育程度 × 集体社会资本 × 基尼系数	0.97（0.95—0.99）	0.85（0.76—0.94）	1.17（1.07—1.27）	1.06（1.02—1.10）

注：译者对原文表格稍作处理，仅保留了各模型关注的交互项。

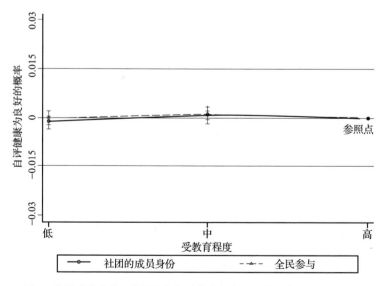

图 1　社团成员身份、公民参与和受教育程度交互作用的平均边际效应

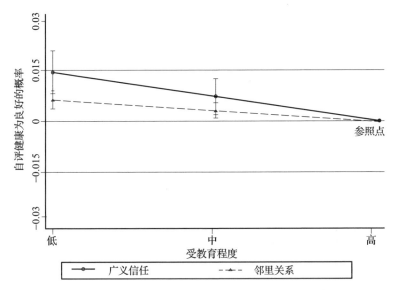

图 2　广义信任、邻里信任和受教育程度交互作用的平均边际效应

四、结论与讨论

　　本文的主要目标有两个：第一，探究拉美国家在健康方面存在的社会经济差异；第二，在考虑各个国家不平等程度的情况下，分析社会资本——个体和集体层面的认知型和结构型社会资本——对健康分层的影响。正如预期的那样，研究结果表明，该地区基于受教育程度的不同在健康水平上存在明显的分层，这反映出普遍存在的巨大社会经济差异。而且，不管个体的社会资本状况如何，国家层面的广义信任和邻里信任对社会经济地位和健康之间的关系都有调节作用，这有利于社会经济地位较低的个人，特别是在不平等程度较低的国家。

　　健康，尤其是健康在整个社会的分布情况，既是可持续发展的先决条件，又是可持续发展的一项指标。相应地，我们的研究结果证明了拉美国家在健康方面存在分层，这与近年来该地区致力于监测健康不平等和收集其证据相呼应。

（一）集体社会资本和健康分层

国家层面的社会资本对健康分层的影响证明了以下观点：社会资本是一种非排他性的公共物品，具有外溢效应，它甚至可以影响到那些在社会中不活跃的人或处于社会底层的人。实际上，我们的研究结果表明，社会经济地位较低的人甚至比社会经济地位高的人从国家层面的社会资本中受益更多，这与他们个人的信任和参与水平无关。如果用罗斯蒂拉的资源路径来理解社会资本概念，那么国家层面的物质和非物质社会资源可以解释集体社会资本与健康分层之间的关系。可能的解释是，国家层面的结构性回报（structural returns），例如运转中的民主和社会包容，能够满足多元社会和健康事业发展的需要。这些资源对处于弱势地位、社会经济地位较低的人尤其重要。例如，该地区在民主化进程后政治权利的发展，或者经济危机后的扶贫投资，都使得处于弱势地位的人受益匪浅。

个体和集体层面，尤其是集体层面的认知型社会资本而不是结构型社会资本与自评健康密切相关，另外几项对拉美国家的研究也发现了相似的结果。信任促进了社会资源的互惠交换，并且通过集体行动和良好的政府绩效等机制生产出社会资源。此外，有研究表明，社区中较高的信任水平会产生较少的社会压力，从而影响个体的健康水平。由于社会经济地位较低的人极易受到社会压力的影响，因此可以认为较高的信任度对他们的健康水平具有更大的提升作用。需要指出的是，与邻里信任相比，广义信任在更大程度上影响了健康的社会分层。这可以与浅度信任（thin trust）和深度信任（thick trust）各自与桥接型社会资本（即与弱关系的正式互动）和黏结型社会资本（即与强关系的非正式网络）的关系联系起来。在黏结型社会资本中，信任和参与的直接影响及其产生的社会资源受限于网络的范围，通常局限于一个亲密群体，但在桥接型社会资本中，那些影响和资源则更加全面和广泛。

然而，在关于哪些人主要受益于集体社会资本的研究中，有几项关注个体社会资本而不是社会经济地位在其中发挥的作用，大多数研究表明社会资本水平较高的个体受益更多。埃尔加（Elagr）用教育作为社会经济地位的指标，对包括拉美国家在内的 50 个国家的研究显示，国家层面的社会资本对健康的社会分层均无调节作用。这也可能是因为埃尔加的全球样本削弱了国家层面上相关因素（如地理、文化或政治因素）的影响，而更为同质的拉美样本则更好地反映了这些因素。

（二）个体社会资本与健康分层

在本研究中，尽管我们发现个体社会资本对社会经济地位和健康之间的关系没有显著影响，但它始终与良好的自评健康相联系，过去针对该地区的相关研究也证明了个体社会资本与健康之间存在正相关。此外，在本研究和以往研究中，个体社会资本都按社会经济地位呈现出分层的特征，这符合布迪厄（Bourdieu）的观点：其他形式的资本（即经济和文化资本）对于获得社会资本是必要的。然而，就个体社会资本如何影响由社会经济地位不同造成的健康分层，过去的研究呈现出矛盾的结果：在欧洲，研究没有发现明显的影响，但在其他社会（例如，美国、英国和中国），社会资本要么依赖社会经济地位，要么对社会经济地位的分化起到调节作用。社会的不平等程度、分析层次（例如，是社区还是国家）以及不同的社会资本指标或许可以解释这些相互矛盾的结果，特别是社会参与中的文化和社会经济差异。

（三）集体社会资本、收入不平等和健康分层

在收入不平等程度较低和信任度较高的社会中，社会经济地位低的个体自评健康为良好的概率较高。因为更平等的社会有更高的社会资本存量，较低程度的收入不平等和较高的集体社会资本都与更好的健康结果相关。这些发现并不意外，但社会经济地位低的个人能够受益更多在此前并没有得到一致的证明。在一篇系统的综述性文章中，涵盖了经合组织国家的研究表明，在不平等环境下，社会资本对地区层面的健康差异更具解释意义，因此，我们的研究在一定程度上支持上述发现。或许在极端不平等的情况下（就像我们在样本里那些收入不平等程度较高的群体中发现的那样），社会资本对健康分层不再具有重要性，在这种非常不平等的环境中，社会资源可能不足以抵消分层的负面效应。未来的研究可以阐明不平等的程度对社会资本和健康之间的关系有什么影响，例如阈值线性模型或者 U 形。

我们还考察了信任和收入不平等对健康分层的交互作用，以反映更广泛的社会、经济和政治环境的影响。例如，近年来，拉美国家经历了收入不平等的缓解，这部分归功于经济增长，但主要是公共政策和社会投资的作用。根据斯瑞特和伍尔考克关于社会资本的观点——社会资本在健康、社会和国家的关系中扮演不同的互补角色——未来的研究可以阐明这些政策对社会资本和健康分层的影响。

（四）研究意义

本研究的结果表明，拉美国家需要在政策制定的过程中考虑到集体社会资本，因为它有可能影响这些高度不平等社会中的健康不平等。尽管社会资本和不平等被认为是相互关联的，但影响社会资本的策略并非都依赖于收入平等。有些策略是以其他维度的平等为基础的，例如，巩固该地区的民主，进一步使弱势群体获得权利和社会资源，或采取措施打击腐败，将关注点和资源从私人目标转向集体目标。例如，乌拉圭——该地区仅有的真正的民主国家——除了采取一些针对最弱势群体的举措，还已经开始加强后卫生系统改革、教育投资、劳动力市场改革和转移支付的社会政策的创新，它是拉美地区最包容的国家。

（五）方法上的问题

在国家一级样本量比较小的情况下，使用固定效应而不是多层次模型应该是一个令人满意的替代方案和有效的补救办法。尽管固定效应模型没有对二级变量间的关系进行估计，但是我们认为使用跨层次的交互项来评估情境变量的调节作用是本研究在方法上的亮点。在这项横截面研究中，我们严格使用了报告优势比的 Logit 模型，尤其是对它的解释。优势比是暴露组和非暴露组发生比的比值，我们并没有认为它表示自评健康为良好的概率。就我们共同关注的结果而言，我们承认优势比可能高估了自评健康为良好的概率。然而，根据几位学者在统计学方面研究得出的观点，我们认为这不会改变我们对研究结果的质的评估。

当然，我们的研究还存在一些局限。第一，教育水平的分布并不像预期的那样理想。在不平等程度较低的国家中，受教育程度较低的人所占比例过高，而在不平等程度较高的国家中则相反。不过，假设在所有样本国家中，社会经济地位较低的人具有较少的个体社会资本，而不平等程度较低的国家拥有较高的集体社会资本，那么就意味着我们的结果可能低估了文中所揭示的关系。第二，横截面的研究设计使我们无法对变量关系的因果方向进行讨论。除了会存在健康影响社会地位、社会参与、社会信任和平等的逆向因果问题外，这对社会分层过程和社会资本水平的讨论也非常重要。第三，我们使用的二手数据并没有专门设计指标来测量社会资本，这种情况在之前曾受到批评。虽然我们试图使用精确的黏结型、桥接型和链接型指标对社会资本进行更全面的测量，但问题在于，世界价值观调查限制了我们。第四，由于社会参与是一个基于文化的过程，取决于各个社会情境下的参与规范和社会结构，因此使用社团成员身份和公民参与可能并没有充分体现社会活动的情况，特别是非正式网络中的参与。

总之，在拉美国家，健康存在着明显的社会分层，而且独立于国家层面的异质性和个体层面的社会资本。国家层面的集体社会资本——尤其是广义信任——对健康分层有积极的调节作用，这有利于社会底层的人，特别是在收入不平等程度较低的国家。因此，集体社会资本层面的差异可以解释健康不平等，并为我们缓解健康不平等指明政策目标。

公共服务与社会治理

公共服务动机：系统性文献评述与展望[*]

阿德里安·里茨（Adrian Ritz）等　著

兰涵宁　刘成良^{**}　译

　　公共服务动机的研究至今已超过 25 年。在 20 世纪 90 年代，该主题的讨论对公共行政研究没有实质的影响，但最近几年它的发展呈急剧上升趋势。早期研究扎根于公共管理领域，主要关注美国公共雇员的动机，最近的研究则沿着多方面进行了扩展。现在，它更加跨学科、跨部门、国际化。然而，一些显著的缺陷可能会阻碍进一步的研究。

　　但相关研究的快速增长也提出了一个问题，即公共服务动机能否发展出与行政实践高度相关的大量研究，目前的答案是"尚未"，实际上，一些学者甚至对"公共服务动机"这个概念的有效性表示严重怀疑。当然，还存在一些迫在眉睫的重大问题：公共管理人员如何激励员工是公共管理学界值得关注的关键问题之一。激励公共雇员帮助他人并维护公共利益，对建立一个强大而富有同情心的公民社会也至关重要。此外，评估一个科学领域的根基时，其中一个风向标就是其产生独到见解的能力，这些见解应在该学科内外都具有相关性。公共服务动机是公共行政领域为数不多的可能足以满足这一标准的学术发展方向之一。因其可能会带来行政实践的回报，且有可能加强该领域在科学界的地位，评估有关该主题的研究非常重要。

　＊　Adrian Ritz, Gence A.Brewer & Oliver Neumann. 2016. "Public Service Motivation: A Systematic Literature Review and Outlook", *Public Administration Review* 76（3）. Copyright © 2016 by SAGE Publications, Inc.Reprinted by permission of SAGE Publications, Inc.

　＊＊　兰涵宁，武汉大学社会学院，硕士研究生。刘成良，苏州大学中国特色城镇化研究中心，研究员；政治与公共管理学院，副教授。

一、研究方法

本文进行这项系统的文献综述有以下三个原因：首先，该主题在公共行政领域引起了足够的兴趣，需要综合评价，为未来研究奠定基础；其次，明确的概念界定使研究人员能够识别出以供评议的课题；对于本主题而言，最后，除了一个未涵盖主要西方国家的区域性评述，迄今为止学界还没有一个系统的文献综述。

如此，这一综述应呈现出该领域的知识状态，凸显那些尚未解决的重要议题，并通过得出总体性的结论来概括以往的研究。系统性文献综述（systematic literature reviews）与叙事性综述（narrative reviews）、元分析（meta-analysis）不同，后两者遵循严格的方法来识别文献和收集信息。叙事性综述较为随意，范围较广，描述一系列按主题排列的研究，并从对趋势的印象中得出总体结论。元分析则是一套统计方法，结合定量研究的结果来分析总体趋势，通常侧重于单个变量关系。到目前为止，关于公共服务动机文献的叙事性综述已经发表了一些，但其范围往往有限。两篇最近发布的元分析分别考察了公共服务动机与工作满意度、绩效之间的关系。因此，进行系统性文献综述自然而然是巩固和推进研究的必要步骤。

本文所涵盖文献的选定方式如下：第一，我们检索了 12 个公共行政的顶级期刊；第二，系统搜索了 6 个重要在线数据库（1990—2014 年）中关键词为"公共服务和动机""PSM 和公共服务""公共服务和利他主义""公共服务和伦理""公共服务和亲社会性""公共工作和动机"和"公共雇员和动机"的文章；第三，我们将两种方法标准用于文章选择：佩里和怀斯（Perry & Wise）描述的公共服务动机概念在文章中必须作为一个变量，或者是研究主题的主要基线（major baseline）；第四，尽管测量条目或规模可能与佩里在 1996 年研究的原始项目不同，但如果对动机进行测量，必须使用与公共服务动机概念相关的测量工具。那些与公共服务动机没有明确联系（例如，公共或私营部门的一般工作动机、公共价值观、利他主义和志愿服务）的文章，因不符合这些标准，将被排除在外。然而，公共服务动机的多样化定义以及与其紧密相关的概念会被采用，其研究也将被纳入。这一选择策略使我们能够专注于与 20 世纪 90 年代文献中首次出现的概念直接相关的特定研究，但同时我们必须充分意识到，该策略并不涵盖公共部门内有关动机的全部工作。

只有通过同行评审的已发表作品才被纳入研究，所有的"灰色文献"均被有意排除。我们认为，尽管缩小样本范围会带来选择偏倚的风险，但已发表的研究更有可能维持高质量标准，而微不足道的发现则难以发表。在搜索文献的前两个阶段，我们从期刊中识别出 600 多篇文章，从数据库中识别出 2 500 多篇文章和书籍章节。根据选择标准，我们最终得到了 323 篇关于公共服务动机的英语文章。选定文献后，我们采取编码指南并得到了一个数据集，该指南遵循库珀（Cooper）在 2010 年研究中描述的类别，其中每篇文献中包含约 400 个编码。出于保障编码可靠性的目的，前 10 篇文章由两名编码员独立编码。作者和研究助理举行定期会议，回答编码问题，解决编码分歧，由此提升了评分者的效度，并进一步提升了整体效度。

二、文献回顾和分析

为了说明学界对公共服务动机概念的兴趣急剧增长，我们统计了每年发表的文献数量（采用绝对和累积两种表示方法）。从佩里和怀斯发表开创性文章的 1990 年到 2005 年，学界共发表了 29 篇研究报告，每年大概增加 0—5 篇。从 2006—2012 年，发表数量增加到 158 篇，每年大概增加 11—36 篇。发表数量于 2013 年和 2014 年达到顶峰（分别为 60 和 76 篇），在短短两年累计 136 篇（包括 24 篇截止到 2014 年底已在线发表但尚未印刷的文章）。这表明公共服务动机是一个快速成长的研究主题。

为了评估学者对该主题的兴趣，我们还分析了每年新作者的人数，我们将其定义为在时间顺序排列的数据集中首次出现的名字。由此，每位作者便只被计算一次。与发表的增长类似，新作者的数量截至 2005 年仍保持在较低水平，共 31 人。2006—2012 年，新作者的数量显著增加，共 137 人。最后，这一数字在 2013 年和 2014 年达到顶峰（分别有 69 位和 74 位新作者），两年总计 143 位。2005 年之后，新旧作者的比例平均为 47.8%（标准差为 10.2）。比较文献数量和新作者数量的变化很有趣，即这些文献不是由有限的学者圈创造大部分的研究产出，而是由一个日益增长且远超 300 人的研究共同体所贡献的。

（一）参考文献网络分析

为了识别科学领域中有关公共服务动机最著名的文章，我们在数据集中建立了一个研究之间相互引用的矩阵，并根据这些数据进行了网络分析。更具体地讲，我们计算了两个单独的方向性（中心性）测量，在网络图论中通常将其解释为重要性或突出性，而非质量。首先，测量每个研究的度内中心度，该指标的定义为一篇文章被我们数据集中其他研究引用的次数与数据集中研究总数的比值减 1。

其次，我们调整了每项研究自发表以来已过去时间的中心度值，这样做是因为新研究引用旧研究的机会更大，而旧研究没有机会引用新研究，我们需要对此作出控制。这样就给较新但经常被引用的研究提供了得分更高、显示其相对影响的机会。该项工作是通过对每年进行单独的网络分析来完成的，其中仅包括该年或以后发表的研究，这样就进行了第二项测量，即度内中心度调整。尽管这些年来网络的规模各不相同，但不同的等级中心度值可以直接比较。表 1 详细列出了每种方法的 20 个最高得分研究，它们非常相似。结果表明，佩里已经独自撰写或与他人合作完成了 6 篇最杰出的文章，潘迪（Pandey）撰写或与他人合著了 3 本书，布鲁尔（Brewer）、休斯顿（Houston）、金姆（Kim）、路易斯（Lewis）、塞尔登（Selden），凡得纳比（Vandenabeele）、怀斯（Wise）和怀特（Whight）各贡献了 2 项研究成果。

表 1　网络分析的点度中心性（in-degree centrality）得分分析

研究	描述	引用次数	中心度	排名	调整中心度	排名
Perry & Wise（1990）	回顾了 PSM 的不同理论，并确定了与公共服务相关的动机类型，包括理性、基于规范和情感的动机	275	0.854	1	0.854	1
Perry（1996）	开发了衡量 PSM 的量表，该量表包括 4 个方面：对公共决策的吸引力、对公共利益的承诺、自我牺牲和同情心	244	0.758	2	0.763	2
Crewson（1997）	着眼于公共服务奖赏动机的发生，这些动机随时间推移的持续性，它们对组织绩效的影响，以及公共服务伦理对代议制官僚理论的影响	169	0.525	3	0.531	3
Brewer & Selden（1998）	这项研究是将 PSM 与亲社会行为联系起来的首次尝试，作者专门研究了 PSM 和举报之间的概念联系	148	0.460	4	0.468	4
Moynihan & Pandy（2007）	检验了佩里的理论，并研究了组织因素在其中扮演的角色塑造 PSM	132	0.410	7	0.468	5
Perry（1997）	调查了 PSM 与 5 个前因变量之间的关系：父母社会化、宗教社会化、职业认同、政治意识形态和个人人口特征	143	0.444	5	0.450	6
Naff & Crum（1999）	检查了 PSM 与联邦雇员的态度和行为之间的关系，结果表明 PSM 与工作满意度、绩效、组织承诺和对政府重塑工作的支持存在正相关关系	135	0.419	6	0.431	7
Rainey & Steinbauer（1999）	利用有关有效政府组织的文献和研究来发展理论的概念性要素以解释其有效性	117	0.363	8	0.374	8
Brewe, Selden & Facer（2000）	使用 Q 方法论技术研究了个人如何看待与公共服务相关的动机，发现了 4 种独特的类型	113	0.351	9	0.363	9
Houstn（2000）	比较了公共和私营部门工人在工作中最重视的激励措施	111	0.345	10	0.357	10
Alonso & Lewis（2001）	测试了 PSM 和联邦服务中个人工作绩效之间的联系	104	0.323	11	0.340	11
Perry, Hondeghem & Wise（2010）	对 20 年来有关公共服务动机的文献进行了叙述性回顾，重点是结构定义和测量以及有关佩里和怀斯（1990）的 3 个命题的综合发现	75	0.233	17	0.338	12
Perry（2000）	旨在发展一种激励理论，将社会带入激励方程，并反映激励过程中各个机构之间的差异	101	0.314	12	0.325	13

研究	描述	引用次数	中心度	排名	调整中心度	排名
Kim et al.（2013）	由16位作者撰写；修订了PSM的测量标准，开发国际化测量标准，并在12个国家／地区进行了测试	40	0.124	44	0.296	14
Vandenabeee（2007）	旨在发展PSM的一般理论；基于跨学科方法，将制度理论和动机心理学的要素融合在一起	80	0.248	15	0.284	15
Houstn（2006）	通过研究公共、非营利组织和私营部门工人参与慈善活动的方式，可以解决PSM的行为含义	83	0.258	13	0.283	16
Lewis & Frank（2002）	探讨了个人人口特征以及对各种工作质量的重视程度如何影响他们对公共部门工作的偏好	82	0.255	14	0.271	17
Kim（2005）	侧重于个人层面的因素，例如工作满意度、情感承诺、PSM和组织公民行为，并分析了它们对韩国公共部门组织绩效的影响	76	0.236	16	0.257	18
Steijn（2008）	将人与环境适应理论的见解纳入有关PSM对职业成果变量（例如工作满意度和离职意向）影响的讨论中	69	0.214	18	0.255	19
Wright & Pandy（2008）	调查了PSM和工作满意度之间的关系；测试了个人和公共组织之间的价值一致性能否缓和这种关系	68	0.211	19	0.251	20
Pandey & Stazyk（2008）	回顾了PSM的前提和相关性，并试图找出可理解的解释模式	67	0.208	20	0.247	21

（二）出版物目录

在我们的数据集中，有24篇（占7.4%）是书籍章节，其他则是分别发表在59本科学期刊上的文章（299，占92.6%）。我们确定了7本期刊，每本均发表了19篇以上有关公共服务动机的文章，具体为：《公共行政评论》（*Public Administration Review*）（34），《公共行政研究与理论学报》（*Journal of Public Administration Research and Theory*）（27），《公共人事管理评论》（*Review of Public Personnel Administration*）（27），《国际公共管理杂志》（*International Public Management Journal*）（25），《美国公共行政评论》（*American Review of Public Administration*）（20），《公共行政》（*Public Administration*）（19），《公

共人事管理》（*Public Personnel Management*）（19）。我们还从其他学科的期刊中找到了一些文献，例如《社会行为与人格》（*Social Behavior and Personality*）（3），《发展经济学杂志》（*Journal of Development Economics*）（2），《高等教育杂志》（*Journal of Higher Education*）（1），《政治与政策》（*Politics and Policy*）（1）。这些期刊涵盖了多个学科，包括商业、经济学、教育、管理、政治学、心理学、公共政策和社会学，这表明公共服务动机不再局限于公共行政期刊（252 篇，占 84.3%），而是散布在整个社会科学领域。

（三）研究设计和方法

1. 国别研究

仔细选择样本对经验研究的推广至关重要。如果大多数研究依赖来自相同地区、相同就业部门、相同级别的政府或相似类型的受访者样本，则调查结果的推广性就可能会受到限制。通过确定数据收集的所在国，我们调查了在先前研究中使用的经验数据的地理来源。共有 21 项研究使用了包含多个国家的样本，123 项经验研究基于美国（27.5%），有 194 项（43.4%）是基于欧洲的数据，而有 77 项（17.2%）是基于亚洲的数据，剩下 53 项（11.9%）来自世界其他地区。我们发现只有 11 项来自非洲，10 项来自南美，这两个地区在公共行政研究中历来代表性不足。当然，这些结果的出现部分原因可能在于我们对英语出版物的关注。

2. 样品类型

不出所料，大量研究（141，55.3%）仅使用公共部门的数据，很少专门关注非营利性（6，2.4%）或私营部门（4，1.6%）的数据。此外，有研究进行了公私部门比较（35，13.7%）、公共与非营利部门比较（5，2.0%）以及所有三个部门的比较（5，2.0%）。学生样本被用于 26 个（10.2%）研究中，而 33 个（12.9%）研究使用了来自不同国家的一般社会调查数据，没有区分各个部门。我们发现，在公共部门研究样本中，政府研究水平没有显著失衡（国家，72，28.7%；州 / 地区，73，29.1%；地方，106，42.2%）。

3. 研究方法

我们研究了数据收集方法的类型，并区别了采用截面方法还是纵向方法。大多数研究依靠调查研究（146，52.5%）和对调查数据的二次分析（69，24.8%）。只有少数研究使用个人访谈（29，10.4%）、实验数据（12，4.3%）、文档或内容分析（11，4.0%）以及与调查无关的档案数据（4，1.4%）、焦点小组（3，1.1%）、实地研究（2，0.7%）或注册数据（2，0.7%）。绝大多数经验研究（209，81.3%）使用横截面设计，而很少（19，7.4%）收集纵向数据。有12个（4.7%）对照实验，11个（4.3%）案例研究和6个（2.3%）依赖其他方法的研究。

我们总结了所用的分析方法。大多数研究采用多种分析方法，因此赋予了多个编码。最常见的是单变量和描述性统计（199，27.0%）、双变量分析（例如，关联测量或差异检验）（149，20.2%）、旨在确认测量规模的因子分析（114，15.5%）以及多元回归分析（106，14.4%）。一些研究评估了分类就业部门的选择，使逻辑回归技术成为另一种流行的方法（58，7.9%）。鉴于公共服务动机是一个多维结构，可能与其他变量具有复杂的关系，因此，结构方程模型（42，5.7%）受到了越来越多的关注。相当多的研究（32，4.3%）明确使用了定性分析技术（例如，非结构化访谈），其中包括15个使用定性和定量技术的混合方法研究。

4. 测量量表

第一个公共服务动机测量量表由佩里于1996年制定，4个在研究使用最频繁的指标是"致力于公共利益"（153，26.4%）、"同情"（149，25.7%）、"自我牺牲"（135，23.3%）和"对公共政策的吸引力"（102，17.6%）。关于"社会正义"（30%，5.2%）和"公民义务"（10，1.7%）的研究很少，虽然佩里之前指出了这两个指标，但随后又将其下降或分解到了其他指标之中。在我们的样本中，有8个研究仅评估了原始指标中的1个指标，有19个评估了2个指标，有42个研究涉及了3个指标，有92个研究包括了4个指标，有3个研究包括了5个指标，有4个研究评估了佩里提出的理论构架的所有6个指标。

5. 研究领域和实证研究结果

公共服务动机研究试图回答许多不同的研究问题。概括起来，我们将研究问题分为8类，它们是从过程模型法（process model approach）中派生出来的（见表2）。每个研究都根据该方案进行了编码，可以使用多种编码。有 173 项（34.1%）研究评估了公共服务动机与各种结果变量之间的关系，我们将在后面进行研究。较少的研究探索了潜在的前因（88，17.3%）。其中有 61 篇（12.0%）研究涉及概念化和理论观点的进一步发展。较少的研究对就业领域的概念进行了比较（48，9.4%）、对文献进行了深入的审查（33，6.5%），或试图阐述实际意义（28，5.5%）。

表 2　研究问题分布

研究问题[①]	频率	百分比
将 PSM 与结果变量相关联	173	34.1
将 PSM 与前因变量相关联	88	17.3
理论概念化，定义动机和维度，与其他理论整合	61	12.0
比较就业部门（公共 / 私营 / 非营利性）的 PSM	48	9.4
审查研究 / 研究概述	33	6.5
对人力资源管理 / 管理实践的意义	28	5.5
PSM 的国际比较	26	5.1
开发测量工具	22	4.3
其他	29	5.7
总计	508	100.0

6. 经过经验检验的前提条件

最经常研究的公共服务动机的前因是性别（64）、年龄（56）和教育（45）等人口统计学特征。其他经常评估的前因包括工作等级 / 管理水平（23）、工作任期（20）、工作地点（16）、员工与领导者的关系（15）、少数群体身份（15）和组织任期（15）。另外 31 项研究分析了以上未列出的、研究频率较低的前因，如社会资本、国家失业水平、工作超负荷、战争部署和工作困难。综合发现表明，尽管不同研究的结果并不总是一致，但是女性倾向于表现出更高水平的公共服务动机，而年龄、教育程度、工作等级 / 管理水平、工作任期、公共部门的工作地点以及良好的劳资关系都倾向于增强服务动机。例如，组织和工作任期与公共服务动机并不总是相

---

① 每个研究可能有多个分类。

关，但是组织社会化的影响是一致而积极的。这表明仅在组织或工作上花费时间对员工的公共服务动机水平影响不大，但是组织进行的社交活动可以提高其水平。

7. 经验检验的结果

公共服务动机的实证检验结果显示，4 个变量受到了广泛关注，包括工作满意度（39）、职业或就业部门选择（35）、个人和组织绩效（分别为 26 和 8，共 34）以及组织和工作承诺（分别为 19 和 3，共 22）。总共 45 项研究分析了未列出的其他结果变量，如公民参与、繁文缛节、志愿行为和举报。结果表明，公共服务动机往往与工作满意度、选择公共部门工作、个人和组织绩效、组织和工作承诺、人与组织的适应以及组织公民行为成正相关。对公共服务动机与离职意图之间关系的研究大多发现两者之间是消极的关系，但这可以解释为积极的结果。应当指出，一些研究报告了混合或中性的结果。

8. 先前研究的实践意义

研究者经常声称，公共服务动机与实践高度相关。但是，许多研究也指出，公共服务动机尚未回答"那又怎样"（so what）的问题。换句话说，该概念尚未完全整合到公共组织的人力资源管理实践中，研究人员也没有将理论有效地转化为实践，我们认为这是公共服务动机研究的最大缺点之一，因此对该问题进行了特别关注。两个关键问题是：以前的研究将调查结果转化为具体实践建议的频率如何？研究者有什么共识？为了回答这些问题，我们回顾了研究样本并确定了 14 种最常用的实践建议类型。

最常见的建议（59 次）是公共组织应评估求职者的公共服务动机水平，并在做出选择决定时考虑这一点。更具体地说，研究者建议加大公共管理研究生的招募力度，以确保候选人拥有从事公共服务需要的价值观；将公共服务动机的测量纳入评估工具中，雇用具有公共服务积极性的员工。

第二组建议是使用增强公共服务动机的管理方法（32 次）。具体而言，这套方案包括使员工参与重要的决策、调整组织结构和做法以增强公共服务的动机并减少腐败、在需要时放松僵化的官僚结构，等等。

第三组建议是使用传统或替代性的奖励制度，而不是按绩效支付（30

次），例如，向雇员提供医疗保健方案而不是奖金，创造一些使雇员的素质与组织使命相一致的激励措施，帮助员工体验成就感，理解他们在做对社会有用的事情，以此增强其内在激励。

尽管有良好的意愿，我们注意到大多数建议都不可行——还不够具体，无法在实践中部署，甚至经常忽略法律或政治障碍。例如，需要确定公共服务动机是工作绩效的有效指标，并且考虑到许多繁重的法规是由管理人员施加的，研究人员需要解释管理人员如何减少烦琐的工作。不幸的是，研究与实践之间的鸿沟似乎很大。

三、研究结果摘要

公共服务动机研究的增长，部分可归因于研究团体的国际化发展和各国新数据的涌入。我们的分析揭示了其他几个值得注意的发现。

第一，出版物数量的增长分三个阶段进行，每个阶段都远多于前一阶段。佩里将最近的研究进展描述为三波演变："定义和测量""评估和确认概念的效度和扩散"以及"从过去的研究学习，弥补缺点，填补空白"。佩里的观点与我们有相当大的重叠，相信佩里的第三波活动可能与我们指出的始于 2013 年的第三阶段相吻合。这表明学者正在将公共服务动机逐渐整合到该领域的知识库中。

第二，欧洲已取代北美成为该主题研究的主要地区，目前有 40% 以上的经验工作都来自欧洲。亚洲已经成为公共服务动机研究第三重要的地区。

第三，公共服务动机的研究仍然与公共行政管理领域紧密相关。我们的参考文献网络分析表明，在 34 位最具影响力的作者中，有 3/4 具有公共管理的完整或部分学术背景。

第四，大约 3/4 的实证研究使用公共部门数据。只有 4 项研究专门针对私营部门的受访者，没有来自国际组织或政府承包商的数据。此外，政客和政务官很少受到关注。

第五，近 80% 的研究分析了经验数据，其中大部分使用了调查研究和截面设计。这有点令人惊讶，因为在进行大规模定量工作之前，定性方法通常被用于发展概念和构建理论。

第六，一些研究人员努力开发及改进量表，但到目前为止，超过 3/4 的实证研究都利用佩里量表，其余研究所用量表也和佩里量表相似。

第七，关于公共服务动机的前因的经验发现并不一致。研究样本和测量方法会影响结果。不过无论如何，在公共服务动机的正相关影响因素中，大致包括年龄、工作等级、员工与领导者的关系（如公平和体贴员工）、某些工作属性（如自主权和任务多样性）、宗教信仰、父母 / 组织社会化、员工对组织的看法（如是否以道德和客户为中心）、偏左的政治意识形态、志愿服务和组织承诺。公共服务动机与角色冲突、角色模糊性之间存在负相关。

第八，研究人员确认了公共服务动机与积极成果之间的关系，例如，工作满意度、公共部门工作选择、个人和组织绩效、组织和工作承诺以及低离职率。值得注意的是，迄今为止，几乎没有负面结果的研究。我们已经指出，发表偏倚可能有助于解释这种发现，但最近的一项元分析不相信这种可能性。

最后，将公共服务动机纳入人力资源管理实践的呼吁至关重要。然而，我们样本中的大多数研究提出的建议都含糊不清、不明确，或由于法律、政治原因而难以实施。因此，未来的研究应高度重视将现有知识转化为实践。

四、讨论和未来研究

公共服务动机是公共管理学界提出的为数不多的原创研究概念之一，其影响证明了公共管理领域的知识活力，并增强了其在社会科学领域的地位。但是这并不意味着公共服务动机概念已被普遍接受，也不意味着该主题的研究具有示范性。未来公共服务动机研究还需要克服至少三个主要限制。

（一）公共服务动机理论：克服乐观主义

大多数关于公共服务动机结果的研究都调查并确认了积极的结果。在我们的样本中，只有 6 项研究表明，公共服务动机可能会带来一些负面影响，例如，工作压力、价值冲突、辞职时的满意度或过度投入。一般而言，学者认为公共服务动机是一种工作动机，可以提高承诺、参与和绩效。但是，过度的行为会对个人和组织产生不利影响。例如，工作—生活平衡、让员工筋疲力尽。内部化理论认为，将组织价值内部化的、具有较高工作参与度的员工容易出现这种情况。高工作要求与低工作资源可以加快其发病速度。道德许可理论（moral licensing theory）也可以解释高敬业度员工可能会产生不利结果的想法。过去的道德行为可能会使员工未来从事流氓行为，但是心理上毫无压力。萨奇德瓦（Sachdeva）等人的研究指出，具有强烈道德认同感的个人可能会被许可采取不道德行为，从而排挤了利他主义和亲社会行为。在动荡的环境中工作，具有较高公共服务动机的员工似乎特别容易受到这种侵害。因此，应该更仔细地研究公共服务动机与适得其反的结果之间的关系。

（二）公共服务动机研究方法：克服缺陷

研究方法缺陷主要集中在两个方面：首先，对横截面数据和方法的强烈依赖很难进行因果推理；其次，最常分析的关系中，大量不一致的发现提出了关于模型规范的问题。在第一个问题上，分析横截面数据不能提供因果关系的确定证据。然而，研究人员面临着许多重要问题，这些问题涉及公共服务动机与其他概念之间的因果关系方向，例如，从事面向公共服务的工作、奖励偏好以及个人表现。迄今为止，只有少数研究使用适当的数据和方法研究了因果关系。在我们关注的研究中，19 个使用了纵向设计，还有 32 个为此目的或多或少地明确地使用了定性设计，而只有 12 个研究采用了具有对照组的随机实验设计。

实验非常适合回答公共服务动机研究中的一些紧迫问题。然而，长期的因果机制，如组织社会化过程，很难在短期实验中被捕捉到。纵向研究设计可能更合适，因为它们可以提供较高的外部有效性，能观察随着时间的推移关系如何发展。沃德（Ward）的研究是一个很好的例子，他研究了参与美国服务队（AmeriCorps）计划对参与者公共服务动机变化的影响。

总体而言，研究人员利用最合适的数据和方法解决当前研究问题的混合方法设计，提供了最佳的解决方案。这些设计可以用来弥补定性和定量研究的弱点，并在理论联系方面提供更充分的证据和背景。迄今为止，总共有15个研究使用了混合方法。这种方法的一种变体是在单个研究设计中采用多种定性或定量研究技术。例如，医学研究人员通常结合实验和纵向技术来研究缓慢成熟的关系（slowly maturing relationships），如药物安全性试验和慢性病的发作。

第二个紧迫问题是在最频繁分析的变量关系中结果的一致性较低。一个可能的解释是，有些研究依赖省略重要变量的简单概念模型。尽管有几位作者研究了调节作用，但大多数研究并未适当考虑背景。由于使用了并非研究当前问题的二手数据源，使得这个问题变得更加严重。不一致的结果也可能源于不同的研究环境和难以避免的方法问题，如采样和测量误差。这些问题使个人研究结果产生偏差，并掩盖了真实效果的大小。如果研究人员对可变关系进行了足够的研究，则元分析可以克服这些困难。元分析还可用于将研究结果的差异归因于特定的方法论缺陷或调节变量，这对未来的研究非常有帮助。尽管我们认为这一系统的文献综述已通过整合文献使研究向前迈出了重要的一步，但仍要强烈建议研究人员进行更多的元分析，以调和不一致的发现。

（三）公共服务动机测量：克服统一性

基于对测量方法的回顾，我们为未来的研究提供了两项建议：创建一套更多样化的测量工具，将混合动机纳入新的测量方法中。

首先，需要更多的衡量手段以扩大和阐明公共服务动机的概念边界，并将其关系映射到其他关键变量。人们一直在努力改进佩里的研究工具，但目前尚不清楚何种量表最有效。对于研究者而言，开发新的量表可能很困难，因为佩里和怀斯清楚地划出了这个概念的界限，而紧随其后的测量量表加强了这些界限。话虽如此，我们仍看到了新替代品的巨大潜力。这些可能包括全球规模的测量以及针对特定人群和目的量身定制的、更具体的测量工具。举个例子，对于组织承诺的概念，有几个衡量标准。这些研究提高了该概念的合法性，有助于阐明其概念空间，并确定了其对其他关注变量的影响。随后的元分析表明，组织承诺的不同衡量方法相似但也有所不同，从而扩展了该概念的范围和实用性。

其次，人们常常误认为公共服务动机是纯粹的利他主义概念。他们无法解释的是，人们出于理性、自利或工具性的原因而经常进行有意义的公共服务。的确，与公共利益保持一致时，自利可能是一件好事。自我服务动机是公共服务的重要组成部分，它们在以竞争政策利益和官僚政治为特征的制度环境中发挥着重要作用。

佩里很早就意识到了这种可能性，并试图在他的研究中纳入理性或自利动机。例如，他在衡量尺度上增加了公共服务动机的理性维度，并称其为"对公共政策制定的吸引力"。事实证明，这个维度也是有问题的，原因有几个，包括它采用了一种狭义的工具主义形式，可能不会引起很多人的共鸣，并且可能对某些人意味着消极的含义。许多人从事公共服务可能是由于其他原因，如获得具有附带福利的合理工资，即使是最无私的人这样做也无可厚非。

从基于需求的角度来看，践行公共服务动机行为的人在满足个人需求的同时也为他人提供了好处，这表明动机是混合的。一个主要为薪水和福利工作的人可能会追求个人增值或履行重要的家庭责任，这也表明动机参差不齐。大多数这样的动机既不是纯粹出于个人利益，也不是完全无私的，而是两者的结合。

因此，公共服务动机是利他的而非自利的观念是基于错误的二分法，人们从事公共服务的愿望可能是由两者结合、共同推动的。布鲁尔和塞尔登强调，公共服务动机包括诱使人们从事有意义的公共服务的动机，无论这些动机是什么。然而，理性的、自利的、工具性的动机在当代学术研究中明显地缺失了。因此，新的衡量方法应考虑人们从事公共服务的混合动机，并明确纳入这些缺失的动机。否则，关于公共服务动机的研究可能会脱离现实。

美国例外论与福利国家：修正主义观点 *

莫妮卡·普拉萨德（Monica Prasad） 著

方帅 ** 译

一、引言

福利国家主张，在生产资料私有制经济中，政府大规模地提供社会服务以实现"全民福利"。而美国一直扮演着福利国家论的反事实角色。与欧洲的集权体制相比，美国是一个"自由放任"的国家，没有强有力的社会主义政党和工会，自由主义文化盛行，其自由市场经济与欧洲协作式市场经济体制（coordinated market economies，CME）形成鲜明对比，是坚守"国家政府不应在医疗保健事业中发挥主导作用"立场的最后阵地。

一个多世纪以来，关于"美国的福利体制规模为何这么小""政府对市场的干预为何如此犹豫不决"的研究从未停止，其中不乏可供参考的解释。如较早的民主化进程和种族分裂从根基上破坏了国家和工会力量的崛起；西进运动使政治不满者能够扎根西部；行业协会传统的缺失意味着商业领域缺乏协作惯例；分散的制度体系或者说二元经济结构下，美国南方各州的抵制态度阻碍了连贯的中央集权主义的发展等。然而，近几十年来有部分学者指出，美国福利体制规模并不小，而且很特殊。本文回顾了美国福利体制的相关修正主义研究，分析这些研究结论在多大程度上可取且对福利国家理论有

---

* Republished with permission of Annual Reviews，from Monica Prasad. 2016. "American Exceptionalism and the Welfare State: The Revisionist Literature"，*Annual Review of Political Science* 19；permission conveyed through Copyright Clearance Center，Inc.

** 方帅，上海社会科学院社会学研究所，助理研究员。

何启示，并提出尚需论证的未决问题。

历史社会学学者在反思美国福利制度发展时，对"政府软弱"论调进行了质疑和纠正，无论是其内容还是方法，对修正主义学术研究都有先导和借鉴意义。

斯考切波（Skocpol）在《保护士兵和母亲》（*Protecting Soldiers and Mothers*）著作中聚焦内战抚恤金制度（Civil War Pensions），认为其易滋生腐败的特点破坏了美国福利国家制度的继续发展。他指出，美国的福利制度建设非但不滞后，反而在许多方面十分早熟。同样在欧洲，类似的抚恤金制度在鼎盛时期几乎覆盖德国社会保护立法涵盖的所有人口，占联邦预算的40% 以上，为 20 世纪早期女权主义者推行母亲抚恤金提供了模板。但由于当时缺乏发达的韦伯式层级官僚体制，内战抚恤金制度落入普遍腐败的桎梏中，败坏了政府救济的信誉，也损害了欧洲福利立法的发展前景。

诺瓦克（Novak）在《国民福利：19 世纪美国的法律与法规》（*The People's Welfare*: *Law and Regulation in Nineteenth-Century America*）中，则对美国"自由放任"的国家形象定位提出了更为根本的挑战：从州和地方层面审视 19 世纪的美国，其根本不似个人权利和私有财产的拥护者；相反，至少在重建之前，各州或地方均致力于创建一个规范社会，在安全、经济、基建、道德和健康等多个领域遵守"社会福利置于个人利益之上"的法律原则，甚至置于私人财产权之上。

随着 19 世纪末现代自由主义国家的发展，这种对"管制良好、井然有序的社会"的关注才逐渐消退。巴洛夫（Balogh）的《看不见的政府：19 世纪美国国家权力的秘密》（*A Government Out of Sight*: *The Mystery of National Authority in Nineteenth-Century America*）同样指出，19 世纪的美国政府完成了诸多政府力量弱小的国家所不可能完成的任务，如扶植经济和通信事业、资助基础设施建设、立法促进市场流通和繁荣、分配边民土地、驱逐美洲原住民以及动用一切力量保护奴隶制度，同时通过征收关税而非干预性所得税为这些举措筹集资金。国家实力的提升，尤其是经济发展这一共同目标，凝聚起各派政治力量。与诺瓦克的观点一致，巴洛夫认为美国政府乐于将经济发展需要凌驾于个人财产权之上。联邦政府通常与企业、非营利组织或下级政府签订合同，而非在联邦一级开展工作，故而某些努力注定避开公众视线，未被关注和称赞。

二、美国例外论的修正主义观点

（一）隐藏的、分割的、湮没的、授权的、无形的、扩张的美国福利体制

修正主义学者认为，当代美国的福利体制规模超出普遍的想象，突破了过去和次国家层面的范围假定。如联邦政府更多地是动员私营部门参与福利事业，包括直接将福利给付委托给非国家行为体、向纳税人提供税收补贴，或者间接地通过向承担私人福利项目费用的雇主进行税额减免，以取代直接发放的福利形式。

1. 税式支出在美国福利体制中具有核心作用

1997 年，霍华德（Howard）的《隐藏的福利国家：美国的税式支出和社会政策》（*The Hidden Welfare State: Tax Expenditures and Social Policy in the United States*）首次以税式支出为主要研究对象，对其起源和功能做出历史和社会学结论，系统阐述其在福利国家制度建设中所扮演的角色。与其他具有里程碑意义的政治学著作不同，此书颠覆了人们对福利国家的传统理解，引发了对奖励性的特殊课税立法现象的普遍关注。在此之前，学者对税收支出的研究尚局限在法律、社会政策或历史社会学领域，霍华德的研究则开辟了与福利制度相关的真正未被探索的道路，并激发持续不断的学术浪潮。

霍华德认为，税式支出一方面被视作社会性支出，另一方面也是一种减税手段和巩固市场经济的政策工具，遂同时受到自由派和保守派青睐，逐渐成为无利益集团推动的、常规的国家核心制度。霍华德指出，美国税式支出额在近几十年里一路飙升，并大胆主张美国隐性福利规模几乎达到显性福利的一半；包含税式支出在内，美国的社会福利支出并不低于其他国家。因为税式支出的主要政策优势和政策功能在于，鼓励雇主为工人制定健康和养老金计划、疏解国家保障需求的压力、在战时工资冻结期间发挥补偿作用。而克林顿"减少雇主健康福利的税收支出，以便支付更广泛的医疗保险"的医

疗保健计划的提议将离间政府和工会。霍华德最重要的发现当属税式支出政策获益的上层倾斜性。

作为最早的私人利益领域研究者，史蒂文斯（Stevens）也肯定了私人福利在维护劳资和谐、缓解工会对公共项目的压力上的重要作用，但也表达了一种担忧："将福利问题置于劳动力市场而非政治机构，在提高公众对企业忠诚度的同时，降低了民众对国家的支持和认可。"

2. 美国福利制度的第二个主要特征是私人福利制度具有突出地位

除了上述提及的学者霍华德和史蒂文斯，戈特沙尔克（Gottschalk）和克莱恩（Klein）等人专门研究了私人福利制度的发展。其中，哈克（Hacker）的《福利制度的分化：美国公私社会福利之争》（*The Divided Welfare State: The Battle over Public and Private Social Benefits in the United States*）广受关注。此书涵盖以下四点主张：第一，私人福利制度发展在美国如此突出，既源于保守派和商业集团的大力倡导和推行，也备受因公共福利计划缺失或扩张缓慢而受挫的自由派政客和工会的推崇；第二，私人福利对公共卫生医疗和公共养老金的影响截然不同——似乎破坏了前者的发展，对后者作用则不明显，因为在私人退休金计划普及之前，社会养老制度已趋近成熟且两者易于衔接，但在医疗卫生保健领域欠缺如此机缘和可行性；第三，商业利益是私人福利体制发展的核心，忽视私人福利的发展，致使对美国商业力量的低估，模糊其对公共福利国家的立场，譬如企业对社会医疗保险的反对比公共养老金激烈，因为后者能与私人养老金计划相结合；第四，与霍华德的观点相同，哈克也重点关注税式支出的累退性质。

3. 美国福利制度的第三个特点是委托治理模式

摩根（Morgan）和坎贝尔（Campbel）在《委托福利：医疗保险、市场与社会治理》（*The Delegated Welfare State: Medicare, Markets and the Governance of Social Policy*）中提出，美国政府将资助社会福利项目的责任下放给非国家行为者，公私合作成为福利计划的主要实施形式，各类营利性或非营利性组织是核心承担者。即使像联邦医疗保险此类核心计划的执行和管理，也一贯由私人保险公司和其他非政府机构负责，仅由少数联邦公务员进行监督。由于信用在美国政治经济中的中心地位，委托治理的信用违约危机及其对信贷市场的危害引发诸多学者的关注。奎因（Quinn）指出，诸如美国商品信贷公司和房利美公共控股的盈利实体，其业务未纳入联邦账目，又经政府公开授权获得特别支持，显性政府担保和隐性担保的共存致使风险社会化和利润私有化。委托治理的提出，是巴洛夫"政府的发展有意避开公众视线"主张的延续。

（二）美国福利体制的影响：不可见性和复杂性

美国福利制度被混乱地划分为公共部分和私人部分，隐藏在税法条款中，又被委托给非国家行为主体来实施，结果使得政府行为不那么引人注目，而行政系统内部则更加复杂。

梅特勒（Mettler）在《淹没的国家：隐性政策如何破坏美国民主》（*The Submerged State*: *How Invisible Government Policies Undermine American Democracy*）中强调，相同职位下，美国政府的行为更加隐蔽，尤其对比韦伯式官僚机构，这导致美国大众普遍低估了政府在福利保障方面所发挥的作用。她在霍华德税式支出研究的基础上进一步调查发现：60% 的住房抵押贷款利息扣除受益者认为，自己没有享受过政府的社会福利政策。类似情况也出现在税收递延储蓄计划、终身学习税收抵免、政府助学贷款、儿童和受扶养人税收抵免（CTC）以及所得税减免（EITC）政策受益者的身上。直接福利项目的使用者规模较小，但仍有约 45% 的社会养老金、佩尔助学金、失业保险、退伍军人福利、联邦医疗保险受益人表示，自己未使用过政府计划。定向支出的受益者中，27.4% 的医疗补助者和 25.4% 的领食品券公民同样不以为意。

梅特勒还发现，政策信息的详细程度会改变公众的评价，且舆论分布与利益者分布一致。譬如，提供描述性信息会提高公众对住房抵押贷款利息扣除、退休储蓄供款税收抵免和所得税减免政策的支持度，而提供分配结果的详细信息则降低对前两项政策——尤其是中低收入者——的支持度，对所得税减免政策仍有正面影响——也许是因为其再分配特性。为此，建议改革者让隐性福利制度的益处展现在大众视线中，诸如提供纳税清单列表。

特莱斯（Teles）指出，后门式管理模式不仅损害了自由主义的施政前景，也破坏了保守党限制国家规模的目标。如公共行动的成本未能体现在政府账目上，而仅反映于商品和服务的价格中，不易被大众知晓；而惯常的政府以"低姿态"示人，把相对易于解释和控制的政府，变成保守派难以掌控的机构；但准确来说，这些隐藏机制为政府职能的扩张提供了广阔的空间，政府无须为扩张的成本贴上清楚的价格标签，其本身支出变得简化和透明，因此格外受到小政府主义保守派的青睐。

就复杂性后果而言，克莱门斯（Clemens）把权力线相互冲突、相互重叠的美国政府称为"鲁布·戈德堡国家"（Rube Goldberg State），认为这些福利体制安排加深了对公共服务的误解，削弱了社会项目再分配的功能，因而这种复杂性是不良的。20世纪80年代的里根政府采取紧缩的福利政策，之所以坚信公共福利项目可以被削减，正是意识到许多私人慈善活动的资金来源极其依赖公共财政。

摩根和坎贝尔指出，尽管委托治理被用来化解公众对政府的质疑，但讽刺的是，由此带来的行政体制混乱致使公众的失望和不满之情愈演愈烈，于是政府便蓄意减少参与和管理，又进一步助长因政府软弱和监管不力而导致的公众不信任感，形成委托治理实现自我延续的循环。此外，委托的形式在调动利益集团的同时，也遣散了改革势力，以利于在寻求更宽松的公共解决方案上抢占先机。

隐藏在该复杂性背后的，是中上层倾斜性政策的顺利实施。这是近期福利制度研究中最重要的观点之一。正如霍华德在上述研究税式支出时指出，对雇员福利巨额补贴的目标最有可能是那些大公司、联合行业和高薪岗位，因此，较富裕的公民往往才是税式支出的主要受益者。此外，在累进税制结构中，缴纳更多税款的高收入纳税者可以从豁免中获取更多利益，不太富裕的纳税人因不具备特定受益条件（如拥有住房），而被排除在补贴对象的范围之外。这些隐性福利政策使得收入分配顶端群体在获益的同时，又避免被打上耻辱的烙印。由此，揭示税收支出的隐性向上再分配的性质，一直是税式支出研究领域的重要成果之一。

就以往对美国福利体制乃至福利国家的片面理解，上述研究及重要成果予以了严肃和及时的纠正，但其局限性依然存在。

三、修正主义观点的局限性

（一）对历史根源的反思

修正主义观点在诸多方面颠覆了我们对美国福利体制的理解。学者纷纷认为，该体制的形成与否决政治、公众意识形态的保守性（尽管程序上自由）、商业力量等相关。

首先，美国政治的分权制衡尤为严格——联邦和各州的权力并非以具体职能划分，而是层层往下复制，决策的"否决点"过多，集体行动成本高，甚至寸步难行；统一难度大，政府内部不同部门也容易互相动手脚，导致整个决策过程充斥着妥协性和复杂性，不够直接透明。否决点的扩散便导致政府不作为，还带来自由主义偏见。特莱斯将各否决点的功能比作一个个收费站，收费员以各自选区的利益分配项目和支持项目被默许和被保护为条件，允许法律向下推行。

其次，美国公众的思想意识保守——公众容易受到"小政府"思想的煽动，但又对政府责任的履行有高要求，美国福利体制的隐蔽性特质也源于此。摩根和坎贝尔发现，委托治理的方式虽对公众经济诉求予以回应，但未明显扩大政府权限，政府得以在不增加规模的情况下，解决一系列社会问题。学者格外强调，这种体制得到了两党的支持。奎因也认为，国家信用的提升得益于预算的"轻脚印"战略，他援引联邦储备银行主席麦克劳里（MacLaury）的发言："联邦信贷援助激增的最重要原因，是希望尽可能地、最低限度地使用稀缺的预算资金。"特莱斯认可美国的体制对政府直接税收和支出规模有约束作用，但无法抑制民众或特殊利益集团持续扩大的需求，也不会消除从政者通过其他政府活动来邀功的欲望。一旦公众需求得不到及时满足，则会以复杂且不可预测的方式形成更为繁复的立法解决方案。霍华德则进一步阐明了该观点，并对隐性福利国家进行了重新审视。

最后，私人利益，尤其是商业力量，影响美国福利体制的形成——摩根和坎贝尔指出，在各种形式的委托治理中，私人利益不仅阻碍了联邦当局的发展，而且利用提供公共福利和服务的机会中饱私囊。哈克将商业利益视为私人福利得以发展的核心，还有学者强调劳工组织等其他行为体。

这些对美国福利体制起源的解释虽合理，但并不完全令人信服。

第一，费里西（Faricy）的研究发现，共和党颁布了更多的税式支出政策，税式支出可能更受到共和党人的青睐，而非像诸多修正主义观点认为的得到两党甚至劳工组织的支持。这有可能源于案例选择或统计上的偏差。

第二，尽管"否决政治"被普遍认为是政策难以实施、一旦实施又难以废除的一个原因，但各州实际上并未过多阻止联邦政府在各领域的项目扩张。否决决策会影响福利政策的发起，但并未决定其发展走向。譬如 20 世纪 30 年代，南方民主党派在国会中地位突出，为维持种族压迫统治，否决了相关福利法案；随后福利政策的发展情况，至少在养老金保障方面，却在几十年内得以不断扩大和完善，使美国的养老金制度并未落后于其他福利国家。按理，"否决点""收费站"与显性福利制度的实施并不相克，但为何这些政策被迫转入地下而不是其他政策。

第三，美国公众普遍存在对政府的要求，相对而言其"小政府"偏好便显得非同寻常。对此，强调公众舆论作用的学者没有做根本阐释。这是一种民族文化吗？即小政府主义是美国恒久的国家性格特征，但这与前述历史社会学家斯考切波和诺瓦克对美国政府职能扩张时期的描述相矛盾。抑或是，政府最小化是历史发展的结果？譬如是否存在对早期内战抚恤金引发腐败现象的恐惧，或者担心无法应对突发的反政府舆论，正如 20 世纪 30 年代末，美国涌现了一轮劳工斗争浪潮，就使得反对扩大"新政"的公众舆论急转直下。

第四，税式支出相关研究占据了修正主义文献的主要部分，但始终未有严格的对比分析，用以解释为何美国政府对其发展尤为重视和敏感。一个可能的重要原因是，20 世纪早期美国的企业税高于其他国家；但问题是，一个被认为充斥着否决权、依附商业利益的保守政体为何能够推行累进税制？新财政社会学领域的研究者则认为，美国农场主发挥了重要作用。19 世纪后期，美国农户和其国会代表开始执掌一系列事务：改革贸易政策、创设所得税、建立中央控制的新型银行和货币体系、制定反垄断政策、规制农业营销网络、管制联邦铁路、发展海运、推广电信及职业教育，形成所谓"农业国家主义"。这种政治经济体制的特点是，将地区分裂嫁接到经济分裂上，使美国南部和中西部（或西部）与东北部的制造业中心对立起来，很大程度上，违背商业利益的累进税制便是农业国家主义势力统治下政治经济体制的政策产物，致使 20 世纪早期的美国企业承担着相当高的税率。

关于美国福利体制的最新研究，受益于与新财政社会学的跨学科交流以及与比较政治经济学研究的广泛和密切接触。这些为理解美国福利体制的产生和形成，提供了可供参考的思路。如财政社会学的观点指出，名义上的高额税率，加上慷慨的税收支出，已成为政客获取企业和富人竞选捐款的一种方式。税收支出成为政治进程的产物——是更符合政治家利益而非企业利益的大型政治交易的结果。

（二）欧洲私人福利制度发展的比较

私人福利的兴起并不罕见，在 19 世纪末至 20 世纪初，所有发达国家都有广泛的私人福利制度。当欧洲的私人福利逐渐让位于公共福利时，美国政府反而通过立法增加对私人福利的支持。修正主义的研究者集中力量剖析了美国福利体制的与众不同，但对美国和欧洲的经验比较，尤其是美欧私人福利制度为何出发点相似而发展结果截然不同，未予以重视和解释。

随着 19 世纪工业化进程的开始，私人福利便广泛存在于英国各规模企业，以及铁路、天然气、钢铁、化工、纺织、煤矿、造船、酿造、工程、电器、食品和烟草等各类行业中。在德法，私人福利在规模大、最具活力与创新性的科技企业内部兴起，逐渐覆盖至其他公司，援助对象由寡妇和孤儿扩大至成年男性职工，保障范围由工伤和职业病延伸至普遍的医疗护理服务。历史学者普遍认同，欧洲私人福利的发展非但没有排挤公共福利，反而为后者的建立提供了模板。

譬如，法国如今的家庭福利计划和社会保险多以雇主津贴和私人互助会为原型；且最迟至 20 世纪中叶，许多领域的保障服务由私人提供转变为公共供给，私人福利与公共福利共存，成为福利国家的组成部分。私人福利的存在和发展在 20 世纪初期至中期的美国并不罕见，但始终没有被公共福利取代。OECD 的隐性福利比较研究仅聚焦于近几十年内，并未关注 20 世纪早期和中期欧洲的私人福利如何转变为公共福利。到目前为止，尚未有任何严谨的历史学分析来解释这种不同寻常的差异。

仅就美国私人福利没有下降而言，普拉萨德（Prasad）在《过剩之地：美式富足与贫困悖论》（*The Land of Too Much*：*American Abundance and the Paradox of Poverty*）中指出，部分原因可能是税式支出被认为以一种比公共项目更有利的方式构建起了企业激励机制——这是由世纪之交的美国税收具有突出累进性质奠定的，其重要地位推动了相关私人福利制度的正式化和法制化。而在企业税收低的国家，这种影响无从发挥。但总体而言，此类解释的差异性验证不足。但关于私人福利的学术进展，将福利体制的历史比较研究提上了日程。

（三）福利等于没有福利？

修正主义观点存在概念上——税式支出与福利制度的等价性问题。

最初，霍华德援引公共财政专家的"税收支出在概念上等同于国家直接支出"的观点，提出"税式支出政策本质上是一种福利政策"，引发学界关注浪潮，奠定了修正主义理论的核心框架，对福利体制的政治学研究产生了重要影响。"税式支出等同于福利支出"这一等价论也被数百篇跨学科著作引用，甚至开始在学术界以外蔓延，成为右翼势力的挡箭牌。

具体来说，霍华德等价论的依据，是自 20 世纪 60 年代斯坦利·萨里（Stanley Surrey）担任助理财政部部长起美国财政部工作遵循的普遍准则：一美元就是一美元，无论对接受美元的人还是对支付美元的政府，无论其带有税收抵免标签还是直接支出标签。该想法可解释为：福利支出是政府从我左边口袋里拿出一美元税收，再把一美元作为福利放在我右边的口袋里，而税式支出是政府不触及任何一个口袋；在这两种情况下，对我和政府的结果是完全相同的。

据此逻辑，政府放弃税收收入会使福利扩大，因为税式支出相当于福利支出，那么最大的福利国家应是一个百分之百税率和百分之百税收支出的国家——一个根本不征税的国家。财政账簿上，公民所有收入应归国家所有，国家"放弃"税收，又自动在支出栏添上一笔。这种逻辑要求将福利等同于完全没有福利。我们假设这样一个情况：国家放弃相当于 60% 的 GDP 的税收，公民再将这些钱投入个人的住房、医疗、养老和教育上，根据萨里的等价论逻辑，这个国家将 GDP 的 60% 投入福利建设上。事实上，如此的福利提供，是公民以自身在市场上创造的资源而为自己购买的，而国家无任何行为。这本质上是把基本税率作为给定条件，偏离它就等于新的福利支出。这显然是偏颇和不切实际的，至少如前述所言，税式支出本身可能是政治交易的产物。

该逻辑的另一个问题是，福利支出并非简单地从我的左口袋拿走一美元后放回右口袋，应该是至少会把部分钱放进别人的口袋。但多数税式支出不具备收入分配或分担风险的效用，因为它只限于纳税人且有利于富人。税式支出一般应视为减税，即国家能力的削弱，而非福利，除非是某些退税（EITC 和 CTC：提供一笔津贴给低收入人群及其赡养者）。公共福利和再分配性质的税式支出，与类似个人福利的非分配性税式支出的关键区别在于，是否有可能重新分配给那些不纳税的人，或者那些纳税额低于从税支中获益的人。当把福利国家的概念扩展到所有税收支出时，便模糊了对再分配的主要关注。霍华德便反对将再分配作为福利国家的关键标志，因为二战以来，美国或现代福利国家收入不平等并未明显改善，设计福利项目更多是为代际而非阶层的分配。尽管大幅度的贫富转移尚未普遍实现，但数据显示，再分配仍然是减少贫困和不平等的有力办法，这在任一所谓的"现代福利国家"均是事实。学者们就"福利国家（制度）"的明确定义尚未达成共识，当然，若放弃"重新分配"的理念，税收支出相当于福利支出。

这些不仅是语义上的逻辑问题，还对一系列政府活动和社会事件的定性产生现实影响。如住房抵押贷款利息扣除政策是一种福利，还是一般富裕纳税人的大规模减税？财产税抗税事件是一种捍卫福利的持续社会保护运动，还是通货膨胀引致的纳税人的抗议政府活动？可见，各党派税收相关经济举措的背后，是暧昧不明的政治动机和意义。因此，我们不应将税式支出简单地等同于福利支出，将抗税运动和社会福利运动混为一谈，须谨慎对待将税式支出并入福利支出，防止"美国像欧洲国家一样慷慨"的错觉在学术圈之外蔓延，就像私人福利在功能上并不等同于公共福利。而由"税收支出"推及其他私人领域项目以及政府计划，如企业安全和健康规章条件、减税甚至削减国家福利开支，这些是福利吗？毕竟前者迫使企业改善工人福利，后两者在某种程度上增加个体收入以自行保障。

我们有理由担心，"福利国家（制度）"这一术语有可能沦为政府的空头口号，或政府行为的通行证。因此，对福利国家概念的清晰界定变得至关重要。仍须肯定的是，税式支出研究引发了对 EITC 和富人隐性减税的关注，也促使人们重新思考美国显性福利不发达的原因。且 EITC 此类再分配性项目的确是福利国家的一部分，兼具隐蔽优势，体现了美国福利体系在新自由主义时代的强适应性。

四、结论与研究展望

美国福利体制的修正主义观点有力解释了私人实体参与美国福利提供的各种方式，以及国家税式支出为之提供的核心经济支持；并指出美国福利体制的隐蔽性推动了政府无形化，增加了行政系统的复杂性，使上层倾斜性政策（如累进式减税）得以摆脱大众视线和公众监督而顺利实施。这些为研究美国福利体制及与其他发达国家的差异提供了崭新视角，颠覆了以往比较政治经济学研究中"美国低福利"的基本假设。

但迄今为止，修正主义研究始终未能完整阐述美国福利体制如此特别的历史渊源，无法解释自由主义文化下，依附商业利益的保守政体为何能推行高额企业税，以至于税式支出政策从一开始便占据要位；也未分析为何其他国家而非美国，在制度发展进程中，私人福利为公共福利建设提供了先行经验并成为福利国家的一部分；此外还存在对税收支出政策与福利制度对等程度的夸大。

由上可见，修正主义研究的持续推进和进一步完善，需要建立在更深入的比较政治经济研究以及对"福利国家（制度）"更精准化和概念化的定义之上。

人工智能、自由裁量权与官僚主义 *

贾斯汀·布鲁克（Justin B.Bullock） 著

彭聪** 译

一、人工智能应用于社会治理的趋势

作为一种先进的信息通信技术工具，人工智能改变了官僚机构中人类判断力的本质和官僚机构的结构。其作用机理主要呈现在判断力和决策能力受到智力的强烈影响，而智力的提高，例如人工智能领域智力提高，有助于提高行政管理的整体质量。

依据社会治理决策过程中个体决策所占据的成分，可大致梳理公共管理的三个发展阶段。一是个体决策者占主导阶段：个体深入基层，在复杂和不确定的问题空间中运用他们的自由裁量权和决策空间来执行政府决策，为公众服务和解决问题；二是屏幕级官僚机构阶段：许多决策正在成为例行程序，由计算机和数据库指导，导致自由裁量权本身运作和范围的变化，如借助计算机、电子邮件、互联网以及数字世界的其他应用；三是人工智能的出现产生系统级官僚机构阶段：AI将许多任务增强和自动化，在某些情况下甚至取代人类管理专家的判断角色。

在这股致力于了解基层官僚的动机、态度和决策过程的学术研究浪潮中，博文斯和祖里迪斯（Bovens & Zouridis）观察到了大型行政机构、公共

---

* Justin B.Bullock.2019. "Artificial Intelligence, Discretion, and Bureaucracy", *American Review of Public Administration* 49（7）. Copyright © 2020 by SAGE Publications, Inc.Reprinted by permission of SAGE Publications, Inc.

** 彭聪，上海社会科学院社会学研究所，助理研究员。

机构中的一种趋势，即从基层官僚机构到屏幕级官僚机构，再到系统级官僚机构，官僚们不再只是在基层为公众提供服务，许多决定越来越受到计算机软件和数据库的例行指导，这导致了自由裁量权本身运作和范围的变化。决策任务由用于案件管理、绩效跟踪的软件指导，并优化了官僚自由裁量权的监督和问责。在博文斯和祖里迪斯观察到公共管理向系统级官僚机构迅速转变之后的 17 年里，ICT 工具的力量不断增强，尤其是人工智能将有关自由裁量权、官僚制度和经典公共管理问题带到了前沿。

作为一种治理工具，人工智能正被越来越多地使用，美国联邦政府和学者都在讨论这一趋势。近期，美国联邦政府将人工智能列为政策重点，发布了影响联邦机构和私人市场的报告。报告称，未来一些长期需要人力的任务将实现自动化。现代人工智能程序不依赖程序员精心设计的规则，而是可以从它们遇到的任何数据中学习模式，并开发解释新信息的规则。这意味着人工智能可以用很少的人工输入来解决问题和学习。这（人工智能和机器人技术的结合）将使现在由人工执行的许多任务实现自动化，并可能改变劳动力市场和人类活动的形态。

2019 年 2 月 14 日，美国发布了关于维持其在人工智能领域领导地位的 13859 号行政命令。行政令指出，人工智能将从根本上影响所有联邦机构，这些机构应追求 6 个战略目标：促进对人工智能研发的持续投资；增加获取高质量联邦数据的机会；减少使用人工智能技术的障碍；确保技术标准尽可能减少受到恶意行为者攻击的脆弱性；培训下一代人工智能研究人员；制定战略计划，保护美国在人工智能和对美国利益至关重要的技术方面的优势。美国联邦政府已经开始优先考虑人工智能和改善治理的问题。

为探讨人工智能在改变官僚自由裁量权性质中的作用，并更好地理解这一性质的不断变化，需要将自由裁量权置于对权力机构和智力的更广泛讨论之中。

二、行政、自由裁量权和人类智能的关联

哈伯特·西蒙（Herbert Simon）指出，决策是行政的核心。基层公务员运用自己的决策空间和自由裁量权来进行基本的行政工作。一旦立法通过，从政策执行的细节到议程和优先级的设定，再到公共机构和组织的设计，以

及实际提供的服务，各级官僚都存在自由裁量权。

行政管理的质量取决于公共行政人员如何有效地利用其自由裁量权来实现政策目标。理解个人决策过程是行政学的一个重要特征，心理学家、神经学家和人工智能学者认为，智力是有助于定义决策质量的整体能力的结构。

管理是试图通过决策过程来实现复杂的组织目标，智力即是完成复杂目标的能力。因此，那些对行政管理感兴趣的人应该关注智力方面的进步，而这些进步无处不在，尤其是在人工智能领域。在讨论人工智能之前，有必要考虑人类智能的内在优势、局限性以及由此产生的自由裁量权。

三、行政中的自由裁量权

自由裁量权被指述为，人类参与管理决策（其中存在不确定性），以完成一项关于如何最好地提供来自政府的服务、利益和惩罚的复杂任务。

行政中人的自由裁量权存在于传统行政管理的核心，人们创建并维护管理状态，同时是其设计者、领导者和实现者。大量的经验证据表明，人类公共行政人员能够高效、有效、公平地完成一系列行政任务。管理者参与所有形式的自由裁量权，包括社会网络、政治参与、革新。他们往往有动机为公众服务，在帮助他人中找到意义，并努力有效地利用公共资源以提供公共产品。

但人类的判断力存在局限性，其自由裁量权通常被一套系统的认知偏见和主观的概率权重所困扰。比如：易屈服于计划谬误与损失厌恶；在工作中存在一定的惰性；易受寻租的影响，给予不正当和欺骗性的收益，拒绝给予应得的利益；利用自己的力量和影响力对弱者造成伤害；在处理大量数据中能力有限；等等。虽然随着时间的推移，人类已经提高了自己的管理能力，以适应现代社会不断变化的需求，但管理人员的能力毕竟是有限的，在追求管理效率、效力和法律公平方面存在着严重缺陷。

随着时间的推移，ICT 工具已经帮助人类精炼和提高了他们的判断力，从而提高管理的整体质量。早期的信息通信技术包括基本的书面会计系统，如今这些工具已经发展成复杂的技术系统，人工智能系统越来越多地完成曾经属于人类官僚领域的任务。信息通信技术工具能力的提升使任务的扩充和自动化成为可能，并继续侵占以前完全由人工管理员占据的工作空间。人工智能的进步一开始体现在体力劳动的自动化和相对简单的数据输入方面，现在正发展到认知和分析任务领域。

四、人工智能的基本特征与参与管理的契机

随着人工智能的发展，其在行政和治理过程中的潜在应用将成倍增长。尽管政府在采用新技术方面往往滞后，因为在资源有限的环境中，公共组织不敢对其计算硬件和软件进行大规模的更新。然而，随着成本的降低，以及人工智能在可复制性、可扩展性和效率方面的提高，其在提升组织效率方面将成为有吸引力的投资，因此，政府延迟采用技术会同样面临压力。系统级官僚机构出现之后的近二十年来，人工智能已经可以更有效地完成人类参与者执行的许多任务，人工智能可以实现跨多个领域的人类基层官僚的任务完成过程的增效或自动化。

虽然人工智能可能会提高效力和效率，但其对治理的威胁仍然存在，例如对公平、问责和民主的影响，以及管理能力和政治合法性。基于相互竞争的治理目标和价值观，人工智能的机会和威胁提出了如何在公共组织范围内运用自由裁量权的重要问题，这些问题渗透到治理任务的所有组织级别。

人工智能能力的提高将导致认知任务的增强和自动化。市场分析人士估计，人工智能和机器人技术的进步可能会导致至少十个不同任务领域的进一步自动化，包括：个性化产品、定向营销、欺诈检测、供应链和物流、信用分析、建筑、食品制备和服务、自动驾驶、自动结账以及医疗保障。个性化产品可以通过自动化的方式从雇主和州数据库中收集数据，极大地改变税款的征收方式。同样的产品可以帮助识别那些合法享有一系列社会服务的人。定向营销可以用来帮助确保公民收到所有相关的公共服务公告。欺诈检测的准确性可大大提高，特别是在权利和社会保险计划中，取代基层官僚在欺诈识别管理中的职位。供应链和物流可以在一系列政府业务实践

中得到优化，从而有可能提高治理效率。信用分析可以为各种规模的政府改进信贷分析创造更有效的工具，准确地进行信贷定价和信誉确认。自动化的食品准备和服务可以使自助餐厅现代化。自动驾驶汽车很可能取代公共汽车司机，或者至少改变他们的工作性质，并彻底改变政府机构之间的交通运输。自动结账系统的设计提升了公众的舒适度。医疗服务供给行业似乎正处于人工智能革命的中期，这可能对公共卫生服务的供给产生重大影响。

那么，基层官僚自由裁量权的未来是什么？

五、基层官僚自由裁量权的未来

大型执行机构的性质正在发生变化，许多福利国家的公共机构正在悄悄地经历着内部性质的根本变化，ICT 是这种转变背后的驱动力之一。利普斯金（Lipsky）对系统级官僚体制进行了定义：信息通信技术已在各组织的运营中发挥决定性作用，它不仅用于登记与储存数据，如早期的自动化，而且还可以用于执行和控制整个生产过程，在没有人为干预的情况下处理例行公事，专家系统取代了专业工作者，除了少量的新闻官员和服务台工作人员，无需其他的基层官僚人员。博文斯和祖里迪斯认为，向系统级过渡的官僚机构只会雇佣三类人员：（1）擅长数据处理过程的人员；（2）生产过程的管理人员；（3）帮助客户与信息系统交互的人员。这种向系统级官僚机构的转变，可能会大大缩小人力行政工作的范围。

但 ICT 技术的发展对治理主体与治理过程的影响仍存在争议，学者们关于 ICT 是否对人类基层级别官僚的自由裁量权产生限制或促进的争论越来越多。

最初的研究认为，在大规模的官僚信息化的情况下，基层一级的自由裁量权会减少或消失。其他研究指出，这样的论点暗示了技术决定论，并认为对自由裁量权的定义过于狭窄。ICT 是形成街道一级自由裁量权的一个因素，而且它们为一线人员和公民提供了行动资源，将 ICT 技术作为辅助支持。

有学者提出提供服务本质上需要人类的判断，而人类的判断无法被编程，机器也无法代替。尽管使用了 ICT 工具，一线人员的自由裁量权并没有被抑制，并继续存在于日常基层活动中。这与情境因素有关，如信息通信技术无法捕捉一线工作的全貌、管理人员控制时间和注意力的资源有限、工作组织或基层人员所拥有的技能水平等。这意味着技术（及其使用）只是影响基层人员自由裁量权的因素之一，各种非技术因素同样产生影响，不能将技术假设为单一的影响因素。

布施和亨里克森（Busch & Henriksen）则持不同观点，认为需要更好地理解影响数字自由裁量权传播的情境因素，并根据文献回顾确定了四个层次分析中的十个语境因素。这些因素包括：宏观层面的政策制定者——规则的制定；中观层面的基层官僚机构——组织目标的制定、程序的形式化和机构间的合作；微观层面的基层官僚机构——专业化、计算机素养、决策结果、信息丰富性以及关系谈判；技术层面——特性。布施和亨里克森还从实证研究中识别并讨论了六种技术，包括：电话、多功能计算机、数据库、网站、案例管理系统和自动化系统。

笔者注意到数字自由裁量权正在扩展，它正在影响基层官员，而 ICT 有时正在取代人类的判断。基层管理机构的总体工作范围正在缩小，虽然某些类型的基层工作似乎避免了 ICT 技术带来的广泛变化，但谈论数字官僚和数字自由裁量权越来越有意义，因为越来越多的基层官僚呈现出操作计算机而不是与服务对象面对面交流的特点。

研究争议表明，信息通信技术的运用受情境因素的影响。其次，任务本身的类型也很重要。将工作任务按两个重要维度进行分类：任务的要求偏离正常程序的频率、任务可分析或可分解为合理的系统搜索过程的程度。这种任务分类非常有用。与正常程序的偏差越大，任务越复杂，自动化则更困难。任务的可分析性越差，不确定性就越强，任务的自动化难度也更大。因此，那些高复杂性（与标准偏差较大）和高不确定性（更低的可分析性）的任务很可能仍然是由人类来完成。此外，复杂度较低（与标准偏差较小）和不确定性较低（更易分析）的任务更有可能由机器完成。

人类的自由裁量权在复杂和不确定性高的任务中仍然是最重要的。但由于人类面对不确定情况时的弱点，人工智能可能对不确定性高但复杂度低的任务具有相对优势。相反，当任务不确定性低但复杂度高时，由于人类可以在任务集上识别高度复杂和抽象的模式，因此人类可能在这个领域中保留相对优势。图1的2×2矩阵说明了这种关系。

任务特征 不确定性

		低	高
复杂性	低	低复杂性，低不确定性 少的自由裁量权，高分析能力 人工智能主导	低复杂性，高不确定性 少的自由裁量权，低分析能力 自主学习的人工智能
	高	高复杂性，低不确定性 多的自由裁量权，高分析能力 学习型人才	高复杂性，高不确定性 多的自由裁量权，低分析能力 人类主导

图1 任务复杂性、任务不确定性与自由裁量权的关系

同时，任务的复杂性会随着情境因素、治理实体中不同类型的治理组织和组织单元而变化。例如，想象一下中等城市的地方政府的结构，可能有交通部门、警察部门、消防部门、会计部门、法律部门、人力资源部门、图书馆服务部门、公园和娱乐部门等。虽然这些部门的一些任务类似，但特定的部门工作仍有很大不同。如消防人员和警察在与公民的互动中会遇到复杂和不确定的任务，这种复杂和不确定的遭遇可能导致与正常程序的极端偏离，并限制人工智能分析情况的能力。相比之下，会计部门、人力资源部门和图书馆服务部门的工作任务分配与正常程序的偏差可能较小（不太复杂），并且更易于分析（较少不确定）。因此，在数字自由裁量权和人工智能的发展中，考虑任务本身及任务所处的环境是很重要的。

六、人工智能对系统级官僚机构的影响

系统级官僚机构的特点是信息通信技术工具决定性地服务于执行、控制和外部通信流程；典型的情况不需要人为干预，即许多任务已经完全自动

化。此外，系统级官僚机构在没有行政自由裁量权的详细法律制度内运作。应该指出，人工智能是一种先进的信息通信技术工具，它高效、可扩展、快速传播，并加强了匿名性、拉大了与任务的心理距离。这些新的官僚机构需要特别关注两点：（1）赋予系统级官僚机构的运行系统设计者新的自由裁量权；（2）个别情况下的数字刚性。

人工智能系统可能会在理性和法律权威的基础上有所改进，并允许法律权威更加个性化，同时最大限度地减少人类对群体的典型偏见。先进的人工智能系统在监管和公众访问方面提出了更严峻的挑战，因为许多人工智能系统被描述为黑匣子。人工智能研究人员和法律学者已开始为其缺乏透明度的问题提供一些潜在的补救措施。同时，许多人工智能学者还提出了如何最好地确保价值一致性（将人工智能目标与其设计者的价值观和目标相匹配）和决策透明的长期性问题。

人工智能的进步最终将达到机器超越最初编程和学习能力的水平，即在情况变化时也具有判断的能力。在人工智能的工具层次上需要考虑三个主题：首先，对具有价值观和动机的机器进行编程的能力表明，通过应用已知或指定范围的价值观或意见的工具，有可能提高决策的合理性（响应主题）；其次，能够感知环境之微妙或变化的机器的能力表明，可以开发进行政治或情景评估的工具（判断主题）；最后，能够独立学习的机器是一种没有优先权的工具，有可能超出人类的能力，在没有人类监督的情况下扫描环境、评估情况和及时作出决策（责任主题）。

人工智能系统技术能力的提高不会影响立法者和管理者之间的控制平衡，除了可能减少双方分析师的数量；人工智能被大量使用的明显威胁是，它们变得不可能被监控，要么是因为它们超出了人类的能力，要么是因为人类无须操作而失去了对其主体的控制；人工智能有可能削弱职业能力和基于价值观的自由裁量权，从而影响人类官僚与公民的关系、公民与国家的关系；人工智能系统的运作可能是不透明的黑箱过程，并且在某些任务领域的能力超过了人类而引起人们对控制和责任的关注。鉴于上述问题，在取代人类的自由裁量权方面，必须谨慎地进行人工智能的部署。

七、警惕和关注人工智能崛起中的风险

人工智能的力量不应被低估。人类未来研究所、OpenAI 和其他合作伙伴发表了一份报告，指出了人工智能潜在的恶意用途。他们认为人工智能将现有的威胁扩展到管理者身上，并改变了威胁的典型特征。此外，他们还注意到人工智能是把双刃剑，可以超越人类的能力，可以加强匿名性、加大心理距离（与受害者的距离）等，但人工智能系统往往包含了一些尚未解决的漏洞，而这导致许多人认为人工智能的存在是人类面临的风险。所以，OpenAI 和人类未来研究所这类组织宣称，他们的使命是确保人工智能被用于造福人类而不是有害于人类。

不幸的是，我们缺乏一个完整的公共道德框架来指导运用人工智能的价值观。如果没有合适的工具来指导并赋予人工智能善治的力量，公共管理人员则需要采取适当的行动，用以最大程度地减少其行政上的弊病，或对民众造成不必要的伤害和痛苦。

随着科技的进步，相对人工智能来说，不太确定或太复杂的基层任务的数量将会持续减少，由人力官僚执行的任务范围将继续缩小。因此，对组织机构的成果和绩效来说，自动化意味着数字自由裁量权和数字官僚机构的全面崛起。

公共管理通常依赖不同从业者群体的专业规范来解决以价值观为中心的问题，但面对日益增长的数字自由裁量权和不断发展的数字官僚体制，这些专业人士及其影响力将随之下降。那么，我们如何在多种类型的服务供给中优先考虑这些价值观，如何最大限度地实现共同利益，同时减少行政弊病产生的可能性，仍然存在许多问题。

八、结论

人工智能正在侵入人类的管理空间，并引发许多问题、机会和关注。因此，处理好智能与管理的关系，关键点在于日益增长的人工智能的影响力和日渐式微的基层官僚的自由裁量权。

在系统级官僚机构内越来越多任务的自动化,其对自由裁量权和绩效的总体影响是什么?目前有关数字自由裁量权的文献存在分歧,尽管有证据表明,自由裁量权可能会减少,但仍需要更多的理论和实证研究以更好地理解这种减少的全部影响。特别是,学者们必须更好地理解在开发有效、高效、公平的管理系统时,人类系统设计者与人工智能设计者之间的角色差异。理论上的建议是,复杂性和不确定性低的任务最有可能被人工智能自动化,而复杂性和不确定性高的任务应保留在人类判断的范围内,谨慎使用人工智能,以规避其给人类带来的生存风险。

人工智能可能会对已经成为系统级官僚机构的组织绩效产生积极的影响,尽管这还有待于进一步的实证检验。然而,这些公共组织的规模、资源和任务分配都会影响人工智能效力发挥的可能性,但在这方面还需要更多的研究。

人工智能的强大和多功能性提出了一个问题:它应该达到什么样的目标?人工智能被描述为两用技术:它可以被用于各种各样的目的,包括善的与恶的。有鉴于此,我们需要更好地理解哪些治理的价值应该最大化,以及有效性、效率、公平等传统优先事项之间的最佳平衡。

人工智能的兴起带来的自由裁量权性质的变化,可能对行政和治理乃至整个社会和经济产生重要影响。因此,关于人工智能对自由裁量权和官僚绩效的影响以及连贯有效的应对措施,仍需要更多的研究。

跨国公司与全球治理 *

蒂姆·巴特利（Tim Bartley） 著

朱妍** 译

一、引言

  跨国公司的兴起对基于单一国家的治理体系形成了挑战，不仅改变了政府的贸易与财税偏好，还形成了新型的私域（而非公共）权威。跨国公司如此重要，却很少得到全球治理理论的关注，或者说，跨国公司往往作为被治理的对象而出现。建构论者会将研究者、国际非政府组织等非国家行动者纳入全球治理的分析框架。通常认为，经济利益才是形塑政府立场的关键因素，企业在这一过程中往往变成背景变量。后来，逐渐有学者将国际组织纳入全球治理的研究范畴，全球治理所涉及的相关行动者也越来越多，而大多数研究仍然只关注国际条约、联合国机构以及各式国际非政府组织。

  在政治社会学领域，对企业和公共政策的研究由来已久，但大多限于单一国家，主要是美国。沃克（Walker）等对企业和行业协会的政治动员作了综述，他们也只讨论了美国的情况。而社会学对全球治理的研究大体聚焦于国际非政府组织、世界政治/政体的结构，或是全球社会运动与跨国倡议游说。

  本研究试图梳理和整合这些线索，以便理解企业对全球治理发挥的影响。有些研究来自社会学领域之外，例如，政治学有关企业出于维护或挑战

---

  * Republished with permission of Annual Reviews , from Tim Bartley. 2018. "Transnational Corporations and Global Governance", *Annual Review of Sociology* 44; permission conveyed through Copyright Clearance Center, Inc.

  ** 朱妍，上海社会科学院社会学研究所，副研究员。

世界政体的目的而介入政治或社会动员的研究，这里包括新葛兰西主义对国际关系的研究、不同资本主义体制下企业利益的比较政治研究以及国际政治经济学领域以企业为中心的研究。当然也包含了社会学的大量研究，包括对跨国资本家阶级、全球新自由主义构建、跨国专业团体与规制、可持续性发展与企业社会责任等议题的讨论。

对各个领域的研究作了分析与述评后，本文提出，企业在全球治理中扮演了三项主要角色——支持者（sponsor）、阻碍者（inhibitor）、供给者（provider）。

第一，跨国公司积极支持部分国际体系的出台，当然也部分摧毁了该体系的某些组件。这一点在战后贸易协定所导致的全球新自由主义兴起与制度化过程中体现得尤为明显。第二，跨国企业在有些领域阻碍了全球治理体系的建立。例如，他们通过积极运作来抵制有关劳动、环境、健康和安全的一系列法律法规的出台。第三，跨国企业成为全球治理体系的直接供给者。他们并没有试图通过支持或抵制国际间协议来达到目的；相反，他们通过全球供应链，直接输出相关安全条例、可持续发展理念、技术标准与人权准则。

围绕着这三项主要角色，我们可以对既有文献进行重组归类，包括这些文献如何回应了新自由主义、环境政策、金融治理以及其他相关议题，并细致考察企业采取行动的路径。既有理论或是将跨国企业家看作一个同质化的整体，或是强调经济体之间的竞争与分裂，社会学者则需要跳出既有理论的桎梏，深入探究企业调动资源的方式、不同情境下的分裂与统一，以及在何种状态下跨国企业会成功俘获全球治理体系或是被迫接受妥协的结果。另外，相较于只强调跨国企业的某一种角色，比如凭一己之力推动建立可持续发展或人权标准，研究者更不应忽视另两种角色。同一家企业，也许一方面在积极输出自己的治理准则，但同时在阻挠更严格的政府间协议，或是通过全球贸易协定来限制某国政府的行为。

本文所指的"全球治理"，包含了相关的正式准则、规范、协定，以及旨在建立跨越民族国家疆界的秩序与争端解决机制的各种行政机构。当然，有些学者将全球治理等同于一切形式的全球或多国间的治理机制，但我采用了更严格的定义，这样会有助于组织文献，并厘清企业发挥作用的关键机制。企业对社会经济生活所产生的影响，当然也会通过市场营销和媒体、外国直接投资与供应链管理等方面发挥作用，但对这些文献的综述已经超出了本文的范畴。

既有文献中的全球治理往往只涉及"国家"，但现实中并非如此，跨国企业无疑尤为重要。全球价值链（global value chains，GVCs）的兴起，使得企业可以在多国组织协调生产，同时又保证高附加值的设计与营销活动在富裕国家进行，或是放在避税天堂。这种跨国的生产架构，对跨国治理构成了新的挑战，很多人因此倡议要深入企业内部做一些改革，将全球价值链运作植入一系列的规则体系中。研究者也越来越多地注意到，宏观社会学对单一国家的分析方法已有局限。当然，国家边界仍然是重要的，但研究者万万不能只用单一国家的情况来主导研究的议程和走向。

二、社会学中的国家企业、多国企业与跨国企业

最早的企业基本是跨国性的，其形式是殖民时期的贸易公司，比如荷兰和英格兰的东印度公司。然而，19世纪到20世纪早期的工业企业大多只在国内经营，因而也产生了各国的企业巨头，例如美国钢铁、通用汽车、雷诺、西门子等。到20世纪中叶，许多企业开始向海外投资，摇身一变成了多国企业（multi-national corporation），例如壳牌、陶氏、可口可乐等。一些研究者认为，当国内生产越来越缺乏竞争力，跨国企业就会通过扩张版图来保护其市场地位。在20世纪六七十年代，美国的银行家都跟着他们的客户出海，直到第三世界爆发债务危机，之后经过一系列的整合重组，最终只留下了一小部分高度国际化的金融机构。

这些全球的工商巨头越来越倾向于连接成网状结构，这样可以用较少的对外直接投资来达到全球利益布局的目的。也有一些大企业不善运作而最终垮台。同时，金融市场也在向企业施压，迫使他们减少无谓的攻城略地，只保留那些有核心竞争力的业务，这也使得越来越多的企业必须通过变革供应链体系来实现转型，他们更多地依赖全球业务外包，而不是合资企业。耐克、苹果、沃尔玛、宜家、H&M 等跨国巨头，就是通过精巧管理数以万计

的独立承包商网络而累积了大量财富。当然，国营企业和那些纵向整合的企业形式仍然广泛存在。事实上，国际贸易的性质与构成究竟改变了多少也是存在争议的，但毫无疑问，在诸多行业中，生产方式和企业治理已经在跨国范围内被重组了。

（一）国家发展与经济社会学

30 年前，跨国企业一度占据社会学研究的中心位置。在依附理论的指引下，量化研究不断追问跨国企业的渗透——即外国直接投资占总投资的比重——是否影响了发展中国家的经济增长与不平等。费尔博（Firebaugh）的批评让人们意识到，用小样本、短时期的数据来呈现变量间的复杂关联在方法上可能是靠不住的。即便如此，仍有越来越多的经验证据表明，外国直接投资会促进经济增长，但也会加剧不平等，例如劳动力市场被扭曲、技术变迁带来失业等；而且如果高度依赖单一投资来源，外国投资也会阻碍经济增长。近年来，研究者又将议题拓展至其他社会经济后果，比如外国直接投资是否导致了环境恶化等。

量化研究力图对跨国企业的作用进行统计推断，与此同时，20 世纪 80 年代的案例研究风潮则开始关注跨国企业如何引领后发国家的发展道路。正如埃文斯（Evans）所言，"企业剥夺了直接生产者对生产的控制权，跨国巨头们则让工业领域的异化扩展到地球的每一个角落"。他对巴西依附式发展模式的考察呈现了跨国公司、内资企业与威权政府之间的"铁三角"，以及这种结盟如何形成一种兼有生产力和不平等的增长模式。对于肯尼亚和墨西哥的研究则呈现了跨国企业的在地策略及其与东道国政府、内资企业之间的结盟与冲突。

20 世纪 90 年代，经济社会学的发展促使学者们对美国的企业形态给予了高度关注。通过对美国公司在 19 世纪原初形态与 20 世纪转型状态的分析，社会学者给出了不同于经济学效率理论的政治、文化与关系性解释。但除了少数几项研究之外，经济社会学仍然对跨国企业关注甚少。这几项研究包括：纪廉（Guillen）对西班牙、阿根廷和韩国的跨国企业集团的全球化路径所作的比较分析；克里斯滕森（Kristensen）与其合作者对丹麦、英国与美国企业如何被拼凑成一个跨国整体的过程追踪；班德尔基（Bandelj）对中东欧地区外国直接投资增长状况的考察。对资本主义多样性的研究有时也会涉及跨国企业，但基本都聚焦于跨国企业在母国所面临的制度互补性，而不是企业在全球的运营情况。

有关全球价值链和全球生产网络的跨学科讨论，对跨国企业间的网络关系最为关注。这些研究认为，跨国企业是复杂的全球外包系统的建造者与协调人。例如，有学者分析纺织品生产的全球化过程中大型零售商的角色；有研究考察蔬果、电子产品、服装和自行车生产中的不同协作模式；还有文献呈现了像惠普、戴尔、苹果这样的跨国巨头在东亚电子产业升级与创新方面比发展型政府扮演了更重要的角色。当然，这些文献中的"治理"主要指供应链的协调，而不是政治权力的构建；这可能是一种借用，但这些开创性的研究让人们开始关注到，在私部门的主导下也可以建立全球性的规制体系。

（二）是否出现了一个跨国资本家阶级？

有关跨国资本家阶级的文献认为，跨国企业成为同质化的投资人群体的一个强力后盾，他们致力于建立某种有利于财富积累和危机处理的全球治理形态。在此过程中，那些性质迥异甚至互相竞争的经济体通过跨国企业的连锁董事网络、多国所有制结构、国际性商会以及供应链体系而连接起来。这一议题贡献了大量系统的经验研究，大多是用网络分析方法呈现全球企业巨头之间的关联。

学者很少评估这些结构性纽带是否产生了步调一致的政治行动。在一项研究中，穆莱（Murray）将跨国连锁董事网络与企业政治行动委员会（Corporate Political Action Committees）的募捐联系起来。当美国的银行机构无力将企业团结起来时，穆莱发现跨国的连锁董事网络可以做到，这一群体主导了全球巨头对企业政治行动委员会的大部分献金。通过聚焦于跨国的政策运作网络，卡罗尔和萨平斯基（Carroll & Sapinski）发现了一个很小但非常重要的企业领导人圈层，主要由欧洲大企业的首席执行官构成，他们与公司董事会及跨国的政策团体之间的关系都很密切。这些政策团体包括国际商会（International Chamber of Commerce）、世界可持续发展工商理事会

（World Business Council for Sustainable Development）等。这些研究展现了步调一致的政治行动背后的结构。

对跨国资本家阶级的研究很少考察企业调动资源、实践权力的过程，而是诉诸马克思式的功能论：由于跨国资本家需要跨国家疆界的组织来管控危机，所以一个跨国家的政体就会应运而生，包括世界银行、国际货币基金组织、世界贸易组织等。如果要进一步了解过程、机制、结果和路径，并给予社会学解释，那么功能论显然是不够的。

下面，本文将考察跨国企业的几种角色及其与全球治理的关系，力图尽可能清晰地揭示其影响过程和机制。另外本文也将指出，跨国资本家的政治立场是否前后一致、其政治权力的多寡要视情境而定，也会因全球规制是否导致国内反对力量的出现而发生变化。

三、作为全球治理支持者的跨国企业

（一）企业组织与新自由主义经济计划

也许有人认为跨国企业总是敌视全球性的规制，但事实上他们对有些规制万分支持，并亲自操刀设计，甚至还会要求一国政府和国际组织强力推行。这在新自由主义方案的设计与构建上体现得尤为明显，即一整套要求取消贸易壁垒的政策与理念、扩大市场、在市场运营中降低民主化参与等。社会学对新自由主义的研究方兴未艾，但已经出现了明显的政治与文化转向。有些学者认为，政府和国际金融机构（世界银行和国际货币基金组织）推动了私有化、贸易开放度和其他新自由主义改革。而另一些人则强调知识分子社群是新自由主义项目背后的推手，即从早期的新自由主义朝圣山学社（Mt.Pelerin Society of Liberarians），到对计划充满疑虑的经济学人。这些观点十分重要，但企业在构建全球新自由主义政体中的重要性仍然不容忽视。

通过《关税与贸易总协定》（General Agreement on Tariffs and Trade）和世界贸易组织而实现的国际贸易自由化，最初也是由美国企业的全球化战略而起的，这些企业涵盖了金融、电子和消费品领域。正如考列夫（Chorev）的分析所指出的，这些美国企业谋略过人，打败了那些依靠贸易保护来限制廉价进口品的行业，比如钢铁和纺织企业，让美国政府变成全球新自由主义的积极拥趸。从20世纪70年代早期开始，大通银行、IBM、通用磨坊等跨国企业就通过全国贸易政策委员会（Committee for a National Trade Policy）、美国贸易紧急委员会（Emergency Committee on American Trade）等渠道游说美国政府不断降低贸易壁垒、选择性地推行保护主义，以及将贸易政策的讨论从立法机构转到执行机构，以便保护主义者无法干预。随后，诸如德州仪器、波音、孟山都等巨头也开展游说，让《关税与贸易总协定》扩容，最终由世界贸易组织来解决争端，同时在美国国会讨论中不再涉及有关贸易政策的议题。

世贸组织甫一成形，就有很多企业开始实施严格的知识产权保护。12家商业巨头的CEO联手推动了世贸组织《与贸易有关的知识产权协议》（*Trade-related Aspects of Intellectual Property Rights*）的出台，包括通用电气、杜邦、孟山都、宝洁等企业。20世纪80年代中期开始，这些企业的经理人始终牵着美国贸易政策制定者的鼻子，在北美、欧洲、日本等地建立同盟，在《关税与贸易总协定》的框架内推动知识产权保护。他们工于心计，排除异己，通过这项《与贸易有关的知识产权协议》达到了大部分目的，包括强化了世贸组织的争端解决机制、对违反协议者进行制裁等。

美国企业在新自由主义经济计划中日渐坐大，欧洲企业也扮演了添砖加瓦的角色。20世纪80年代早期，17家欧洲大型企业的执行官在沃尔沃CEO的领导下成立了欧洲工业家圆桌会议（European Roundtable of Industrialists），促进欧洲市场的一体化进程，在面临美日竞争的态势下实现区域经济重振。研究者指出，随着壳牌、英国石油、联合利华等新成员的加入，这一群体的立场逐渐从新重商主义转向新自由主义。到90年代中期，欧洲工业家圆桌会议已经成为世界贸易组织的强烈拥护者和欧洲新自由主义政策的温床。在此期间，有些欧洲企业发生了转型，从国内的冠军企业变成了激进的跨国企业。例如，当戴姆勒在1993年成为纽交所上市的第一家德国企业时，它就逐渐远离了原先的社会伙伴式经营模式与协调式资本主义，在与克莱斯勒合并后，更是热切地拥抱了股东导向与避税的价值理念。

当然，各国企业对全球治理的态度和管控模式是有差别的，但美国的保险与金融企业确实在欧洲同行的助力下主导了《服务贸易总协定》（*General Agreement on Trade in Services*）的出台。但最后协定的力度比企业所期望的更弱，使得政府可以有很多办法来排斥国外的服务提供者。同样的，企业即便再支持《与贸易有关的投资措施协定》（*Agreement on Trade-related Investment Measures*），也没法规避政府或公民社会的反对。

夸克（Quark）对于全球棉花贸易的研究呈现了企业与新自由主义贸易规则之间的不平衡关系。美国的生产商在棉花贸易自由化的背景下眼见要丢盔弃甲，但最终借美国政府和跨国棉花贸易商之力将他们的质量分级体系变为全球标准，从而化险为夷。世贸组织成立后，中国的棉花厂商成功地挑战了美国的分级体系，并推广了自己的标准。这迫使跨国商人及其美国代理人努力重塑权威，最终形成了某种"有中国特色的美国标准"。正如研究者所言，跨国企业推动了新自由主义的扩张，但他们也会遇到挑战者，在美国领导的自由市场运动中，新对手借着各种创造性的动力机制，往往也可以有所斩获。

有时，企业在推广新自由主义贸易时也会居于从属地位。例如费尔布拉德（Fairbrother）所指出的，在发达国家，企业会着力扩大市场规模，消除贸易壁垒；但在较不发达的国家，政府中的技术官僚在经济学者和国际金融机构的支持下，往往会起到更重要的作用。在详细分析了《北美自由贸易协定》（*North American Free Trade Agreement*）的建立过程后，费尔布拉德指出，美国的大公司和行业组织几乎一边倒地支持《北美自由贸易协定》，而目的就是通过这一协定对墨西哥进行投资、贸易和获取廉价劳工。德莱灵（Dreiling）指出，美国CEO组成的工业圆桌组织（Business Roundtable）在形成跨行业的共识上起了关键作用。在加拿大，随着类似组织的建立，企业家为了自己的产品能进入美国市场，也逐渐接受了贸易自由化主张。美加两国的经济学家出于不同目的，都支持《北美自由贸易协定》，政府官员则是跟着企业家走。墨西哥则不然，政府对《北美自由贸易协定》的兴趣源于对国际金融机构的长期依赖、国内政治变迁以及技术型经济官僚的重要地位。墨西哥许多企业家确实也支持新自由主义改革，但他们更多的是政府和官僚的追随者，而非引领者。

（二）偏好的全球化

除了贸易协定之外，还有不少有关企业如何形塑跨政府政体的例证。比如，三十国集团（The Group of 30）这样一个精英俱乐部，就帮助金融机构向全球推销他们的证券和金融衍生品规则。这个俱乐部将大型金融机构（如美林银行、西班牙国际银行、英国巴克莱银行、德意志银行）与学界精英、央行负责人和政府官员集结在一道，发布一些有导向性的研报，并推广那些被国际证券委员会（International Organization of Securities Commission）和巴塞尔银行监管委员会（Basel Committee on Banking Supervision）等国际金融机构认定的最佳实践案例。跨国律所——尤其是那些总部在美国的——也在有关人权和商业仲裁的标准设定上发挥了核心作用。硅谷的科技企业，包括谷歌、脸书和英特尔，最近成功游说了美国政府，要求美国贸易代表推动数字自由贸易，以此回击巴西等国为保护国内企业而采取的所谓"数字保护主义"。

除了市场扩张和资产保护之外，企业积极投入全球或地区性治理也是为了确保比较优势、平息国家间利益争端，或是为了迎击竞争对手而扫平障碍。研究者认为，跨国经营的企业一般都会期待有全球性的治理标准，这样可以降低因地区间标准不同或抵触而带来的不确定性。比如银行在保障用户数据隐私中的作用，最后欧盟也出台了法规，在美国模式与欧洲模式间进行折中。另一个例子则关于1987年多国签订的《蒙特利尔破坏臭氧层物质管制议定书》（*Montreal Protocol on Substances that Deplete the Ozone Layer*），这一协定是为了避免工业产品中的氟氯碳化物继续损害臭氧层，杜邦、皇家化工等企业由于投资生产了氟氯碳化物的替代品而坚定地支持该议定书，因为全球范围内的相关工业品禁令能让他们在竞争中占优。而本文的下一部分内容将呈现在某些情况下企业会抵制全球治理规范的出台，即便这种规范看起来十分合理。

四、作为全球治理阻碍者的跨国企业

毫无疑问，跨国企业在一些领域始终致力于阻碍全球治理体系的建立与完善，尤其是在劳工权益、气候变迁、有害物质排放及公司税收等方面。尽管口口声声说要规则统一，但跨国企业事实上一直受益于国家间的规则差异，包括将工厂搬迁至劳工权益和环境保护更弱的地方，或是在税率更低的地方注册。除此之外，企业通常会抵制那些限制自主性的规则，他们会通过游说政客或威胁退出来对抗这些规则。

但要说清楚跨国企业抵制了什么以及是如何抵制的，是比较困难的。学者通常都关注具体的治理规则，而不会去考察失败的案例，或是长时段内的规则变迁。要知道，政府官员如何讨论规则与协定，要比企业在此之前做的工作更容易观察。跨国企业权力的"流动性"与民族国家的"非流动性"，以及由此对政策偏好所产生的效果非常重要，但又极难捕捉。即便如此，仍然有一些研究呈现了企业的运作过程，展示了它们如何阻碍全球规则的制定，或是让这些规则更为宽松、约束力更弱。

（一）贸易、劳工与人权主张

跨国企业在商业经营和保护人权方面确实会出台一些自愿性准则，但对于有约束力的惩罚条款或扩展性的法律义务准则却百般阻挠。20世纪70年代中期，对于跨国企业在发展中国家投资涉及的伦理问题有很多争议，因此联合国拟定了《跨国公司行动守则》（*United Nations Code of Conduct on Transnational Corporations*），一些支持者对此寄予厚望，希望这个守则能够得到合法推行。但发展中国家阵营随后出现分歧，之后经合组织国家制定了他们自己的指导性守则；即便这些守则不具约束力，跨国巨头也不愿意表示支持，守则事宜再度流产。与此同时，一系列的双边投资协定则应运而生，旨在保障跨国公司在全球的资产权益，同时他们几乎不用承担任何责任。

时至20世纪90年代早期，劳工权益的倡导者开始呼吁在《关税与贸易总协定》以及筹划中的世贸组织规则框架中增加一些社会保护性条款，也是考虑到将劳工权益与全球市场开放联系在一起。与之前提到的有关贸易和知识产权的讨论不同，世贸组织显然对增加劳工权益的保护条款并无好感，在1996年的新加坡会议与1999年的西雅图会议上两度否定了这一提议。学者大多认为，这主要是由于亚洲各国政府、企业主和工会组织害怕发达国家就此实施保护主义，从而不支持这一提议。但这一观点无法回答为什么发展中国家的立场能在这个问题上得到呼应和支持，而在世贸组织的很多其他谈判中却被无视和边缘化。

还有一些证据表明，企业确实会直接对抗全球化的人权规则制定。许多企业尤其憎恶《外国人侵权索赔法》（*The Alien Tort Claims Act*），在美国法院的诉讼中这一法案常被用来针对那些违反了相关国际法的企业。1996年，人权组织帮助缅甸的一群村民将石油巨头优尼科告上法庭，抗议资方在一项管道铺设工程中的暴力与压迫；之后又发生了一系列针对跨国企业的人权诉讼，包括雪佛兰和壳牌（尼日利亚）、德克萨斯石油公司（厄瓜多尔）、可口可乐（哥伦比亚）等。事实上，美国商业巨头立马携手行动起来，由国际商会打头阵，一个叫作"美国介入"（USA Engage）的特殊组织也浮出水面，像埃克森美孚、陶氏、卡特皮勒、孟山都等都是其成员。尽管我们很难将企业游说的作用从中完全剥离出来，但结果就是针对这些跨国企业的《外国人侵权索赔法》的实际效力大打折扣，之后美国最高法院还出台了一项决议，进一步强化了对该法的限制。

（二）气候变迁、环境政策与未来妥协的可能性

美国企业一直致力于阻止政府间应对气候变迁的协作，这可能也是导致国际体系碎片化的一个原因。自20世纪90年代初期起，燃油企业及行业协会就开始支持那些对全球气候变化唱反调的组织，并为他们的社会运动提供资金支持，还成功说服了美国政府退出《京都议定书》（*Kyoto Protocol*）。这些组织中最活跃的就是全球气候联盟，其成员包括埃克森美孚、通用汽车和美国石油学会。有一些基金会也支持这种保守取向的运作，而这些基金会往往都与能源巨头有着千丝万缕的关系。欧洲的情况也类似，企业和商会在整个90年代都致力于抵制跨国监管。

但企业立场会随着时间推移产生变化和分歧。在欧洲，英国石油和杜邦公司携手成为"国际气候变迁伙伴关系"（International Climate Change Partnership）的领导者，通过这一组织促成了碳排放税的出台，让排放量可以交易，最终影响了《京都议定书》的政策框架，使得欧盟成为碳排放市场的积极支持者。在被称为"碳排放妥协期"（Carbon Compromise）（1999—2008年）的那些年，能源公司，尤其是欧洲的企业开始寻找新的碳排放市场机会，并致力于开发替代能源；与此同时，保险、金融和快消品企业（如耐克、苹果、可口可乐等）的立场也逐渐转向强调气候变化的风险。但在2009年开始的"碳排放僵持期"（Carbon Impasse），企业的反对声音又逐渐变强。由于信贷紧缩、能源价格下跌，开发替代能源的步子放缓，美国的能源企业开始反对奥巴马政府的"总量管制与排放交易计划"（Cap-and-Trade Proposal），一些之前表示支持的企业也纷纷倒戈。还有一些能源企业采取骑墙策略，同时在两方布局，以抵消未来的不确定性。

一方面，有关气候变迁的研究呈现了企业如何调动资源来影响全球治理；另一方面，不同国家、行业、地区对全球气候治理的立场分歧也日渐明显，企业社群日益分化，既有坚决抵制的，也有策略性支持的，还有一些采取默许的态度。

研究发现，寡头垄断的行业更有能力抵制环境规制，但这些行业也会成为环境规制的核心场域。以《蒙特利尔破坏臭氧层物质管制议定书》和《水俣公约》（The Minamata Convention on Mercury）为例，那些寡头垄断的行业更可能通过技术创新来满足新的环境规制的要求，也更可能为政府实施这些规则而提供有效的基础设施保障。比如，《蒙特利尔破坏臭氧层物质管制议定书》就明确限制了氟利昂的工业排放，但为同样会破坏臭氧层的溴甲烷开了口子，因为溴甲烷这种农药只在高度碎片化和竞争性的草莓种植产业中使用。《水俣公约》刚提上议事日程时，其中提到了汞、铅、镉等好几种有害的重金属，相关行业协会对此发起了猛烈攻击和政治游说，但最终还是认可要严格限制汞的工业排放，包括在氯、灯泡与化妆品等生产领域。而世界氯生产委员会似乎也没有对此提出强烈异议，因为当时不少国家已有替代性的技术。同时，对于另一项会造成氯气污染的行当——数以百万人从事的小规模金矿开采——《水俣公约》则留了空间。大型的行业巨头确实可能阻碍全球性规则的出台，就像《水俣公约》案例所呈现的，但他们也可能出于未来预期和盈利的考虑而愿意妥协，哪怕为此行为受限。换言之，在那些企业权力更集中的行业，更可能形成全球性的规制措施，虽然可能在具体条款上会有所缩水，但执行效果往往会更好。

（三）竞争与共识

企业究竟会阻挠规则的出台，还是选择策略性支持，这也取决于规则本身的设定。塞拉冈（Callaghan）认为，有时跨国企业会希望将国内规则推广到全球，目的就是统一游戏规则，不让邻居占便宜，但这种做法并不够。她的研究揭示，英国公司往往会支持欧盟出台削弱经理权的相关法令，因为经理会抵制企业并购，而这些英国公司恰恰意图收购某些企业；德国公司在这种情境下会抵制这种做法，认为这是新自由主义对企业自主性的侵蚀。但有意思的是，如果欧盟要出台有关工人参与企业管理的相关法令，英国和德国的企业家就会协力反对，即便德国企业大都建立了共治型的工人联合会组织，工人参与度已经很高了。对德国企业来说，出台这些法令虽然会提高竞争对手的劳动力成本，但他们仍然担心这会降低德企在他国的自主性，提高他们跨国经营的成本，也会反过来提高本国工人的权利意识。

因此，跨国公司究竟会阻碍还是支持全球性的规制体系，受到很多因素影响，例如竞争对手的情况、可能带来的威胁（比如对某个社会阶级的影响）等。换言之，跨国资本家的诉求基本是一致的，而各国经济体之间则存在竞争和分歧，这两个因素同时存在，并在不同类型和不同时期的全球规制制定中发挥着作用。意识到这一点，有助于我们进一步探究比较政治与跨国资本家阶级之间的关联。

五、作为治理规则提供者的跨国企业

除了扮演支持者或阻碍者的角色，跨国企业也是全球治理体系的直接供给者，从金融到食品安全，从环境保护到劳工权益，跨国企业操刀制定的规制方案涵盖了各种议题。跨国企业有能力在不依靠政府介入的情况下制定统一的规制标准，有效管控风险，在质量、安全性、可持续性和社会公平等方面保护他们的品牌声誉，有效应对公开谴责他们的社会运动，以及回应投资人的政治、社会和环保要求。政府间协定难以出台、新自由主义再度兴起，这使得私部门的规制体系日渐膨胀，并通过各种方式将制度传导出去。

（一）金融规制

如果没有企业各自制定的金融规则，全球金融市场基本无法运作。几大私人信用评级机构，比如穆迪和标准普尔，在评级时既考察企业债务，也要考察政府负债情况。全球衍生品交易则高度依赖《国际掉期与衍生品协会主协议》（*International Swaps and Derivatives Association's Master Agreement*），这一协议就是私部门规制的产物。同样，伦敦同业拆借利率（LIBOR）是国际金融市场中大多数浮动利率的基础利率，但它是伦敦几家指定的私人银行决定的，直到最近因为几大银行涉嫌串通操纵该利率，这一私领域的指标才得到公众更多的监督与审视。

研究者尤其关注会计准则的全球化态势。1973 年各国职业会计师团体成立了国际会计准则委员会（International Accounting Standards Committee）在此之前，人们多次想要统一会计准则，但都失败了。2001 年，委员会变成了国际会计准则理事会（International Accounting Standards Board，IASB），成员不再由各国的专业人士担任，而是由大型会计师事务所组成。所谓的"四大会计师事务所"在理事会中地位特殊，提供了理事会约 60% 的运行资金，并在 12 个理事席位中占了 4 席。欧盟在 2005 年签署了理事会准则，虽然一开始不太情愿，但欧盟显然还是认为这比照搬美国标准要好一些。不过，这一准则也不可避免地趋近盎格鲁－撒克逊模式，美国企业对 IASB 的影响也最大。这倒也不完全是权力运作的结果，而是因为美国自己的会计准则理事会的架构是层级化的，更容易和 IASB 对接，而欧洲的体系则更碎片化。在另一个领域，即技术产品标准方面，研究者就发现，欧洲企业对国际标准化组织（International Organization for Standardization，IOS）决策的影响力更大，因为欧洲体系与 IOS 的匹配度更高。由此可见，即便私部门的治理规则都在全球化过程中扮演了重要角色，但不同国家在不同领域的制度差异决定了哪些企业的私部门标准更会被全球化。

（二）食品安全

对全球食品安全体系的研究指出，大型连锁超市往往在全球范围内扮演着食品质量、食品安全与农业可持续性发展的规制者角色。事实上，当世贸组织有关农业的谈判停滞不前时，企业成为全球农业治理的中坚力量。食品零售业的集中化趋势在欧洲尤为明显，美国也后来居上，这使得家乐福、特易购、沃尔玛等零售业巨头可以对供应商生杀予夺；而他们的自有品牌策略和直接外发生产，也使得传统零售商与农民之间的中间环节越来越少。

零售商与供应商的采购合同一般会载明有关食品安全的条款，供应商需拿到第三方检验机构出具的认证，证明供应商确实遵守了"危害分析与关键控制点体系"（Hazard Analysis and Critical Control Points，HACCP）的要求。政府也采取HACCP，但通常采用风险控制型监管，主要关注那些高风险的生产与流通操作，政府会将私部门的相关认证看作低风险的指针。

目前，对农业到食品的复杂过程进行全流程监管还是很困难的，安全隐患仍然存在，食品安全标准就是全球农民和食品生产商的紧箍咒。标准执行的成本如果太高就会让一些小生产商越来越被边缘化。但也有证据表明，一些生产商试图借力食品安全标准完成自身转型升级。一项对尼加拉瓜奶业合作社的研究发现，合作社企业了解了新的食品安全标准后，努力提升自己的生产线和生产标准。同样，玻利维亚的企业也借推行食品安全标准而打入巴西市场，占据主导性市场份额。而对于更多的欠发达国家而言，国际巨头、进口国和世贸组织联合强加的食品安全规则，则将科学化的风险管理领上一条更复杂甚至充满冲突的升级转型之路。

（三）可持续发展与劳动保护标准

大型连锁超市通常对制定可持续发展的标准、推广有机公平贸易认证（Organic and Fair Trade Certification）起到至关重要的作用。研究者发现，英国零售业的高度集中化使其成为"反转基因"运动的阵地，并导致转基因食品在英国超市广泛被禁。相比之下，美国的零售业更碎片化，也使得"反转"运动没有那么成功。

环保类的非政府组织也通过社会倡议、企业合作、公众记录等多种手段，试图说服大型零售商和生产商支持可持续发展理念，并参与多部门协作，在这种协作模式下，非政府组织也能有一席之地。沃尔玛和麦当劳此前就支持一个非政府组织［即海洋管理委员会（Marine Stewardship Council）］有关海鲜产品的认证，而雀巢和欧莱雅则许诺让他们的供应商都去可持续棕榈油圆桌倡议组织（Roundtable on Sustainable Palm Oil）做产品检测。

显然，即便是那些"铁三角"式的合作也高度依赖企业的投入和参与，尤其是企业对自身供应链的管理和控制。通过要求供应商遵守合约、取得认证，大型零售商和品牌商们成为可持续发展准则的首要推动者，而其他利益相关者的地位则退居其次。比如，林业管理公会（Forest Stewardship Council）这一组织，就高度依赖如宜家之类的企业来推广森林保护和管理的相关认证，甚至还要靠这些企业为认证体系提供资金支持。有些研究认为，对于企业的依赖限制了这些标准的实施与收效，但也有证据表明，正是大企业的有力支持才使得某些倡议能够顶住巨大的行业压力，比如之前提到的林业管理和公平贸易。

跨国公司也是全球劳动保护标准的直接供给者。20世纪90年代后期的"反血汗工厂"运动，促使北美和欧洲的纺织、制鞋与玩具企业在全球采购时采用了新的行为准则，即道德采购政策，并对供应商的生产环境进行监控，有时也会让审计师事务所或其他利益相关者介入协助。很快，这种做法也扩散到了电子行业、食品加工业与采矿业，并引发了对企业社会责任的广泛关注。《联合国商业与人权指导原则》（*UN's Guiding Principles on Business and Human Rights*）获得了全球成千上万家企业的支持，耐克、H&M、GAP等都是其中坚力量。

大量研究回应了对全球企业社会责任的关注，考察了企业社会责任的市场与政治基础，并讨论了企业社会责任究竟是对新自由主义的反思，抑或是制度化社会团结的延伸。另有一些研究则考察了可持续发展与劳工准则的落地情况，发现审计失察、供应商逃避、集体权利难以保障以及分包商无法被有效监督等问题无处不在。越来越多的研究也开始关注在何种情况下企业更可能遵守这些准则，以及如何改进政策的落地实施，并发现通常都是跨国企业出价太低、要货太急所致。在最近的一项研究中，作者比较了印度尼西亚和中国的土地与劳动政策的实施情况，发现各国的国情对政策的实施效果会有很大影响，尤其是在劳动政策方面。

六、总结

通过对不同领域、不同议题的探究，既有研究已经呈现了跨国企业在全球治理中的多种角色，即支持者、阻碍者与供给者。这些角色都应得到研究者的充分重视，而不该有所偏废。比如，对企业社会责任和可持续发展的研究往往会将跨国企业视作全球规则的提供者，而忘记了他们在同一领域可能也会扮演阻碍者的角色。有的学者认为跨国企业总是致力于推动自由的、不受管制的全球经济的发展，却忘记了他们也会积极地推动与贸易和知识产权保护相关的法律出台。市场形成的过程伴随着规则体系的建构，但只是某些规则会被建立起来，另一些规则却会被打破。进一步来说，更适当的研究应该是对同一家跨国企业扮演不同角色的整合性考察，而不是将其割裂开来。

其次，跨国企业在全球治理中至关重要，但也无法完全掌控局面。有些跨国企业的动员能够取得成功，比如世贸组织的形成就是一个成功的案例，而另一些则不那么成功。有时，跨国公司能够成功阻碍某些国际协定的出台，但有时则败下阵来。从既有文献来看，企业占得先机可能是因为相比于传统的行业协会，新型的 CEO 联合体在运作资源时更懂得审时度势，身段更灵活。寡头垄断型的行业更可能阻碍某些规则的出台，但也更可能妥协。当全球治理规则会威胁到企业的自主性，同时又不会让企业获得对外竞争优势时，国家会联合跨国公司一同抵制全球治理。但对于什么情况下会出现企业利益俘获、什么情况下会出现对全球治理的妥协，还有太多的研究值得深入尝试。对不同议题、行业、时期的系统比较，特别有助于我们了解全球企业政治行动的特征。另外，对全球商业精英的研究，能够让我们了解原本局部的利益如何在全球舞台上通过专业人士的游说而变得合法化。

再次，规则的内容十分关键。正如之前所提到的，一项全球性规则的出台，企业究竟认为是有助于他们应对国外的竞争对手，还是会对他们的经营构成行业性或阶级性的压力；简言之，企业将全球治理规则看作威胁，还是策略性的机遇，会根本上决定他们的态度与行为。

最后，这些角色之间的关系是什么？比如，那些全球治理规范的积极供给者，是否倾向于支持更严苛的政府规制与国际协定？一方面，可能确实是这样。家乐福、宜家等公司支持 2010 年的《欧盟木材法规》(*EU Timber Regulation*)，主张对那些非法砍伐森林来获取木材的制造商和销售商予以制裁。私部门的规制确实形成了公司化自由主义体系，对于有关环保、劳动、消费者安全等议题的国际协定较少干预。另一方面，也有证据表明，那些拥护全球治理体系的企业在某些问题上锱铢必较。例如，出于对可持续发展和企业社会责任的重视，欧盟要求大型上市企业必须发布相关年报，如宜家、联合利华就必须这样做；但仍有成千上万的公司拒绝自愿披露，最终使得这一规定的效力大打折扣。

后　记

　　本书取材于上海社会科学院社会学研究所主办的内部资料性出版物《社会学》（季刊）。2019 年年底，我拟任该刊主编一职后，就在苦思冥想这个 1988 年便创办的内刊继续办下去的定位和价值所在。最终，在多方征询尤其是得到了曾长期担任该刊主编的吴书松研究员的同意后，决定编译海外社会科学（主要是社会学）优秀期刊上发表的高质量学术论文，以使国内读者深入观察和了解海外社会，进而在比较的视野下反思和理解中国社会。当时主要是有感于中国社会学界对海外社会关注不够，比较社会研究更是欠缺，而这显然滞后于中国"走出去"并提出"一带一路"、中非、中东欧等合作倡议的大背景和新趋势。想不到如今，区域国别学正式成为一级学科，我们这个小刊物的想法定位与大时代的国家战略不谋而合。

　　有想法还得能落地，做事还要有人。由于在当前的科研考核体系中翻译不被看重，只能动员本所的青年科研人员和外单位的同仁好友，以及他们指导的研究生。征得译稿后，还要编辑校对甚至修改提升，这就多亏了汤潇、薛立勇两位编辑。记得 2020 年上半年居家办公期间，我也曾逐字逐句修改译文，个中辛苦，冷暖自知。当每年四期这样积累到一定的量时，译文研究对象已经覆盖了美国、拉美、欧洲、亚洲等全球许多国家和地区，研究主题也包括了教育、工作、健康、移民、青年、不平等、政策、婚育性别、情感心理等。但是，由于内部资料性出版物不能公开，这么丰富的资料不能被更多的读者看到，很是遗憾。于是，我们又有了择其精要、结集出版的想法。但这又涉及版权购买，而且不像是"一对一"的图书版权购买，是更加复杂的"一对多"的论文版权购买。这就要感谢东方出版中心的万骏和时方圆同志，是他们负责处理了这个高难度的专业任务。此外，还要感谢担任过《社会学》助理编辑的郑思琪、何睿、罗广洁同学，尤其是何睿为版权事宜也做了大量前期工作。

总之，《社会学》的办刊和本书的出版是一个涉及多方的集体协作工程，在此谨向参与其中的各位同仁表达最诚挚的谢意！当然，由于版权处理难度和出版经费有限等原因，不少译文此次未能收入本书。但正如书名中"第一辑"所暗含着的意思，这是一个书系的开始，以后或能弥补缺憾。希望本书系的出版，对于了解海外社会、反观中国社会、开展跨国比较以及推动比较社会学、区域国别学等学科的发展，具有重要的资料价值和参考意义。

李　骏

2023 年 8 月